METAMORFOSE
EMPREENDEDORA
os 4E's do SER

Empreenda-se, praticando
o propósito transformador
de vidas e negócios

METAMORFOSE
EMPREENDEDORA
os 4E's do SER

Marcos Batista
Hugo Santos
Benício Filho

ALTA BOOKS
E D I T O R A
Rio de Janeiro, 2021

Metamorfose Empreendedora, os 4E's do SER

Copyright © 2021 da Starlin Alta Editora e Consultoria Eireli.
ISBN: 978-65-5520-616-6

Todos os direitos estão reservados e protegidos por Lei. Nenhuma parte deste livro, sem autorização prévia por escrito da editora, poderá ser reproduzida ou transmitida. A violação dos Direitos Autorais é crime estabelecido na Lei nº 9.610/98 e com punição de acordo com o artigo 184 do Código Penal.

A editora não se responsabiliza pelo conteúdo da obra, formulada exclusivamente pelo(s) autor(es).

Marcas Registradas: Todos os termos mencionados e reconhecidos como Marca Registrada e/ou Comercial são de responsabilidade de seus proprietários. A editora informa não estar associada a nenhum produto e/ou fornecedor apresentado no livro.

Impresso no Brasil — 1ª Edição, 2021 — Edição revisada conforme o Acordo Ortográfico da Língua Portuguesa de 2009.

Erratas e arquivos de apoio: No site da editora relatamos, com a devida correção, qualquer erro encontrado em nossos livros, bem como disponibilizamos arquivos de apoio se aplicáveis à obra em questão.

Acesse o site www.altabooks.com.br e procure pelo título do livro desejado para ter acesso às erratas, aos arquivos de apoio e/ou a outros conteúdos aplicáveis à obra.

Suporte Técnico: A obra é comercializada na forma em que está, sem direito a suporte técnico ou orientação pessoal/exclusiva ao leitor.

A editora não se responsabiliza pela manutenção, atualização e idioma dos sites referidos pelos autores nesta obra.

Produção Editorial
Editora Alta Books

Gerência Comercial
Daniele Fonseca

Editor de Aquisição
José Rugeri
acquisition@altabooks.com.br

Produtores Editoriais
Illysabelle Trajano
Maria de Lourdes Borges
Thales Silva
Thié Alves

Marketing Editorial
Livia Carvalho
Gabriela Carvalho
Thiago Brito
marketing@altabooks.com.br

Equipe de Design
Larissa Lima
Marcelli Ferreira
Paulo Gomes

Diretor Editorial
Anderson Vieira

Coordenação Financeira
Solange Souza

Assistente Editorial
Caroline David

Equipe Ass. Editorial
Brenda Rodrigues
Luana Rodrigues
Mariana Portugal
Raquel Porto

Equipe Comercial
Adriana Baricelli
Daiana Costa
Fillipe Amorim
Kaique Luiz
Victor Hugo Morais
Viviane Paiva

Atuaram na edição desta obra:

Revisão Gramatical
Carolina Ponciano
Kamila Wozniak

Capa
Joyce Matos

Diagramação e Layout
Joyce Matos

Ouvidoria: ouvidoria@altabooks.com.br

Editora afiliada à:

Dados Internacionais de Catalogação na Publicação (CIP) de acordo com ISBD

B467m   Benicio Filho
         Metamorfose Empreendedora, os 4E's do SER: empreenda-se, praticando o propósito transformador de vidas e negócios / Benicio Filho, Hugo Santos, Marcos Batista. - Rio de Janeiro : Alta Books, 2021.
         224 p. ; 16cm x 23cm.

         ISBN: 978-65-5520-616-6

         1. Administração. 2. Empreendedorismo. 3. Negócios. 4. 4E's do SER. I. Santos, Hugo. II. Batista, Marcos. III. Título.

2021-3363   CDD 658.421
                                                         CDU 65.016

Elaborado por Vagner Rodolfo da Silva - CRB-8/9410

ALTA BOOKS EDITORA
Rua Viúva Cláudio, 291 — Bairro Industrial do Jacaré
CEP: 20.970-031 — Rio de Janeiro (RJ)
Tels.: (21) 3278-8069 / 3278-8419
www.altabooks.com.br — altabooks@altabooks.com.br

SUMÁRIO

PREFÁCIO vii

INTRODUÇÃO xi

PARTE 1: UM NOVO MUNDO **1**

   Capítulo 1: Reflexões de uma nova era 3

   Capítulo 2 : Futuro e realidade conectados
   por um mundo V.U.C.A. 27

PARTE 2: DISRUPÇÃO E EMPREENDEDORISMO **51**

   Capítulo 3: Os 4E's do Ser 53

   Capítulo 4: O mito da caverna de Platão 77

PARTE 3: CONHECIMENTO APLICADO E ORGANIZAÇÕES EXPONENCIAIS   **97**

   Capítulo 5: O que é design para você?   99

   Capítulo 6: O fim das organizações conformadas   131

   Capítulo 7: Economia compartilhada   145

PARTE 4: CULTURA DA INOVAÇÃO   **169**

   Capítulo 8: Será que reconhecemos nosso mundo?   171

   Capítulo 9: Conectando os pontos   181

   Capítulo 10: O banquete de Platão   193

   AGRADECIMENTOS   207

PREFÁCIO

Nada é mais poderoso do que a vontade genuína de mudar, de transformar, de fazer diferente e, principalmente, de fazer melhor. E por mais que algumas mudanças sejam vitais para as empresas, que já entenderam que, para alcançar melhores resultados, precisam rever seus processos e cultura, nem todo líder sabe como proceder. No entanto, a pergunta aqui seria por que de uma forma geral as empresas estão tão perdidas e encontram tantos empecilhos quando tomam a decisão de se adequar ao mercado que não para de evoluir naturalmente. Afinal, esse processo realmente precisa ser doloroso e desgastante?

Mais do que identificar erros ou buscar novas estratégias e direcionamento, para formar um time eficiente e de alta performance, é preciso antes entender que, no mercado, já não existe mais espaço para o individualismo ou ego exacerbado. Em um mundo novo em processo de construção, ressignificar alguns conceitos e práticas se fazem necessários; afinal, temos experimentado novas formas de consumir, de trabalhar, de se comunicar e se relacionar. Assim, nada mais natural que as empresas e seus times também sejam impactados por transformações irreversíveis e cada dia mais latentes — como experimentamos na própria pandemia da Covid-19. As empresas que não estavam preparadas e adaptadas ao novo modelo vigente de trabalho foram as que mais sofreram.

Nesse novo cenário e contexto, não há mais espaço — de forma definitiva — para o amadorismo, ações sem fundamento ou métodos ultrapassados. Por mais enraizadas que algumas práticas estejam, líderes que optam pela inércia ou omissão desenham diariamente o futuro do seu negócio que, desta forma, caminha em passos largos rumo ao abismo onde centenas; milhares de empresas já despencaram — não à toa. Isso porque um dos maiores desafios de qualquer empresa na atualidade é criar e disseminar processos que funcionem e que atinjam da diretoria ao chão de fábrica. E para mudar essa realidade, é preciso entender que qualquer transformação hoje passa pela descoberta e desenvolvimento de um propósito. Principalmente quando ele é maior até mesmo de quem o vive, tornando-se capaz de impactar outras vidas e negócios.

Muito se fala sobre cultura de inovação, organizacional, sobre tecnologias e soluções para quase todos os problemas existentes. Mas o que as pessoas que estão à frente desses processos não podem esquecer é que quem provoca toda essa transformação são os seres humanos e não as ferramentas em si, já que elas são simplesmente meios de execução de um propósito. E isso implica dizer que de nada adianta a vocação e o talento, por exemplo, sem empatia e valores bem definidos.

Perceba que é através do processo de ressignificação que os líderes alcançam a exponencialidade e isso, nada mais é, do que a sua essência a favor do desenvolvimento de um propósito que gera ação e resultados concretos. E esse desenvolvimento é tratado aqui, nesta obra, através de uma metodologia própria que passa pelo: **E**mpoderar, **E**mpreender, **E**nvolver e **E**ntregar.

Por isso, esta obra é para aqueles que desejam entender as transformações que ocorreram e que ainda estão ocorrendo nos últimos anos — nas empresas e para quem deseja empreender. Para quem já entendeu que não se trata mais de preço, compreende que, na verdade, trata-se de entrega de valor, de uma causa definida e da coerência aplicada no dia a dia, em seus discursos e posicionamento. Ou seja, da diferença que você e seu produto/negócio faz na vida das pessoas.

PREFÁCIO

Mais do que nunca, representatividade tem a ver com postura, com presença, coragem e percepção, mas acima de tudo, com confiança. Pessoas precisam ser tratadas como humanas — por mais estranho que isso possa parecer — e não como números, um contrato ou holerite no final do mês. A essência do compartilhamento e da responsabilidade conecta pessoas que trabalham em prol de um mesmo propósito. Um time inteligente e alinhado é sinônimo de evolução contínua.

Na prática, isso significa que não basta dizer aos colaboradores o que eles devem ou não fazer. Eles precisam entender o que estão fazendo e principalmente por que. Eles precisam saber que fazem parte de um projeto no qual se identificam e acreditam.

A única maneira de mudar a cultura de uma organização é mudando os comportamentos dos seus líderes: ao mesmo tempo e na mesma direção. Inovação tem a ver antes com criar condições reais para que as pessoas envolvidas se desenvolvam e possam criar ou usufruir de soluções que tornem os processos mais ágeis e precisos. É não resistir às mudanças e entender de forma definitiva que é possível sistematizar processos, tornando-os mais humanizados. Sem contar que efetividade e agilidade têm a ver, ainda, com a ampliação de consciência. Ou seja, é preciso desmistificar a ideia de que só a razão e a ciência são capazes de direcionar as carreias e o desenvolvimento de negócios.

Em um mundo cada dia mais conectado e que possibilita acesso a praticamente tudo, é preciso ser sensível e consciente ao ponto de entender que mudanças profundas não acontecem do dia para noite, mas que só acontecem quando há mudança de postura através dos primeiros passos.

Por fim, todo esse processo de Empoderar, Empreender, Envolver e Entregar que leva à alta performance requer sincronização e disposição, como os autores mostram de forma aprofundada no livro. A mudança de um modelo tradicional de negócio e mentalidade para um disruptivo e adaptado ao novo mundo é possível para todos que realmente desejam entender e acompanhar o mercado.

Mas calma: não se assuste!

Estar com este livro em mãos sinaliza que você já entendeu que precisa de mudança. A partir de agora entenderá, nas próximas páginas, como fazê-la. Para avançar e ir além do que já fez até hoje, é preciso antes se munir da ferramenta mais poderosa de todas: o conhecimento.

Você está preparado para ver o mundo a sua volta de outra forma?

Então, aproveite.

Boa leitura!

RENATA MARINHO
JORNALISTA, ESCRITORA E EMPREENDEDORA.
@RENATAMARINHO.JN

INTRODUÇÃO

Empreender é um processo. A tomada de consciência das possibilidades de transformação através do empreendedorismo apenas faz sentido para aqueles que, dentro da sua humanidade, despertam para essa jornada. E, considerando principalmente os dias atuais, deve ser encarado, acima de tudo, como uma oportunidade real de vivência do propósito.

O despertar passa pelo que aqui vamos chamar de **Metamorfose Empreendedora**. Nessa transformação, quatro são os pilares: *Empoderar, Empreender, Envolver e Entregar*, palavras que dão o nome à obra que você tem em mãos: **os 4E's do SER**.

Nos últimos anos, essa metodologia própria foi desenvolvida e uma vez aplicada, serviu como base para transformar pessoas e empresas em protagonistas da sua jornada por meio de uma mudança real e com foco na construção e realização de propósitos palpáveis. Para alcançar os objetivos, o livro apresenta reflexões e alertas para as rupturas que ocorreram e que ainda estão ocorrendo mundo afora. Afinal, mais do que entender as mudanças e quebras de paradigmas, é preciso estar preparado para elas.

Atentos às novas propostas e oportunidades, nos autores que nos complementamos em nossas visões de mundo e técnica, conduzimos os leitores por um universo repleto de possibilidades e constatações. Com este livro, você poderá não apenas repensar sua própria condição, mas terá a chance de criar ou se adaptar à economia e modelo de negócio, de acordo com as novas tendências e cenários.

É importante ressaltar ainda que os temas abordados e os insights sugeridos têm como pano de fundo a tecnologia e a inovação de forma aplicada. Isso significa como as pessoas e empresas têm lidado com tamanhas transformações e rupturas no mercado e na vida e como isso reflete em seus respectivos posicionamentos e atuações.

O fato é que estamos diante de um momento único e que para absorvermos e nos adaptarmos, é preciso entender, antes de tudo, que a regra do jogo precisa mudar. Por mais que a inovação e a tecnologia, num primeiro momento, pareçam ser os protagonistas, é preciso apontar quais os caminhos possíveis para colocar o ser humano no centro de toda essa transformação. E assim por diante: o propósito no centro da estratégia da empresa e o resgate de valores para a criação de mercados e de profissionais preparados.

Afinal, boa parte das mudanças experimentadas já demonstraram ter vindo para ficar e a crise mundial impactada pela Covid-19 proporcionou ainda mais a aceleração dos movimentos que já estavam acontecendo. Há muito tempo, o desenvolvimento da tecnologia tem influenciado a forma do ser humano se relacionar, se comunicar, fazer negócios e consumir. Aliás, nunca se consumiu tanto e não apenas bens e produtos, mas também informações e os mais diversos formatos de conteúdo. A tendência é que cada vez mais empresas e pessoas passem a gerar novos produtos e audiência. Nesse contexto, a grande pergunta que fica é: como entender e se relacionar de forma saudável com a nova realidade? Como você está preparado? E a sua empresa?

INTRODUÇÃO

E foi para responder a essas e outras perguntas que nos unimos neste projeto. Nas próximas páginas e a partir do aprofundamento destes tópicos e seus desdobramentos, mostraremos que é possível ativar a cultura de inovação com base nos modelos de startups, agregar valor e dar mais significado aos produtos e serviços, além de ampliar, identificar oportunidades e alinhar as tecnologias digitais com a lógica do pensamento das organizações exponenciais.

Entre 2016 e 2020, nós 3 juntos percorremos 25 Estados e 80 cidades. Também ministramos mais de 500 palestras e 35 treinamentos usando como base a metodologia que deu origem a este livro. Aproximadamente 50 mil pessoas já foram impactadas e passaram a adotar e aplicar a teoria dos *4E's do Ser* em seu dia a dia.

Trata-se, portanto, de um livro ideal para quem deseja transformar vidas — partindo da sua própria — com foco em um propósito. Além disso, a abordagem prática na construção dos 4E's é altamente indicada para instituições e associações que desejam gerar valor para seus associados ou colaboradores.

Boa leitura!

BENÍCIO FILHO,
HUGO SANTOS E
MARCOS BATISTA

> *"Nossas mentes inovadoras levam à confiança de que coisas novas e melhores são possíveis e que você pode fazê-las acontecer."*

Metamorfose Empreendedora, os 4E's do SER

BENÍCIO FILHO   HUGO SANTOS   MARCOS BATISTA

@BENICIOFILHO_   @HUGOPALESTRANDO   @EU_MARCOSBATISTA
/IN/BENICIOFILHO /IN/HUGOPALESTRANDO /IN/STUDIOMARCOSBATISTA

parte 1
UM NOVO MUNDO

1
REFLEXÕES DE UMA NOVA ERA

Não vivemos apenas em uma Era de mudanças. Estamos vivendo uma mudança de Era. Imagine dois mundos: um que está morrendo e um novo que está surgindo. Você está na coexistência de ambos. É exatamente nessa situação que nos encontramos: nascemos e aprendemos em um mundo que está falindo, que já não faz mais sentido e precisamos nos conformar com o fim, mas, mesmo assim, praticamos e estamos presos aos modelos antigos.

É necessário aceitar o novo mundo e entender que muitas pessoas e negócios já estão vivendo essa transformação e aprenderam a utilizar as possibilidades trazidas da revolução digital. O novo mundo trouxe mudanças nos modelos de negócios e na sociedade que nos levaram para novas economias e comportamentos.

Este é o século da diversidade, da busca pelo acesso e democratização, da reputação, da conveniência, do diálogo entre pessoas diferentes, da consciência e da proteção do planeta. Portanto, não se pode avançar nessa nova era carregando apenas os velhos conceitos e práticas do passado, tampouco tendo convicções antiquadas e arcaicas. É necessário mudar. E apesar do que foi dito até aqui ser um fato e não uma projeção é importante já adiantar que esse futuro não veio com nenhum manual de sobrevivência. Muito pelo contrário: ele é imprevisível e cada vez mais rápido, pois traz incertezas e medo, que só perdemos quando abraçamos o futuro e entendemos que o retrocesso é avesso à inovação. Em outras palavras: ficar na zona de conforto não te coloca no futuro que se estabelece no hoje. É preciso entender as mudanças de Era e suas implicações para dar espaço a um novo jeito de pensar, se comunicar e agir.

Perceba que na **Era Rural**, o foco era produzir o necessário para satisfazer nossas necessidades, com o consumo apenas do necessário. Já na **Era Industrial**, as pessoas saem de cena e entram as máquinas. Há também a expansão de técnicas de manufatura e mão de obra barata, em que tudo fica descartável. Com isso, o mundo todo se transforma em um modelo industrial, desde fábricas até escolas. O foco, na verdade, era produzir em abundância e criar uma "explosão" de demanda, já que ter bens era sinônimo de sucesso e status. Por isso, passamos a consumir mais que o necessário, uma vez que nada era suficiente para trazer saciedade.

A **Era Digital** também é marcada por uma sociedade de consumo, que se transforma em total cultura de consumismo. Assim, há uma espécie de ruptura do pensamento linear para o pensamento exponencial, onde há uma velocidade espantosa na disseminação das informações e das rápidas mudanças.

Por fim, na **Era Pós-Digital**, já há um costume e uma rotina com o universo digital, pois começamos a consumir com mais frequência pela internet sem os medos e receios de antes, já que expostos há anos a esse tipo de ferramenta, passamos a temer menos seu uso. Porém, com esse manejo em meio a conexões e seus usos, vieram também as reflexões sobre sua utilização, comportamento e novos modelos de negócios, modelos esses que são baseados na experiência e nas necessidades não atendidas. A partir disso, surgem novas economias pautadas nessa transformação, com foco na causa e no acesso, para além da necessidade de posse. Contudo, isso não quer dizer que reduzimos a vontade "de consumir", mas que ressignificamos o conceito de possuir priorizando a oportunidade de viver as experiências que são proporcionadas.

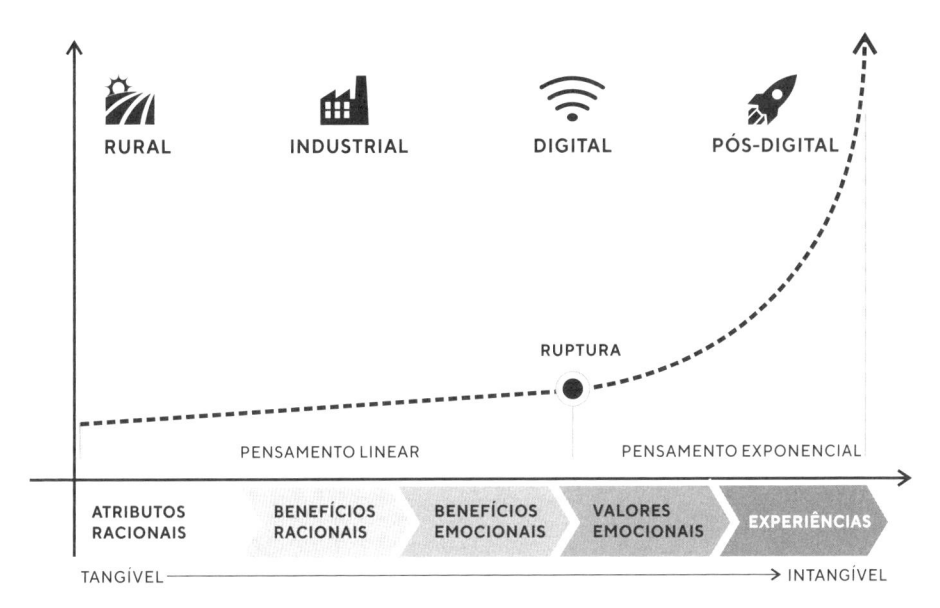

GRÁFICO: Mudança de Era — Um novo contexto, não linear, que exige novos modelos de gestores, empresas e negócios.

O pensamento linear da Era industrial é o jeito de pensar da linha de montagem. É segmentado por seus departamentos e mecanismos de controles uni disciplinares, isto é, cada indivíduo faz apenas aquilo que lhe compete, com o mesmo conhecimento e competências e, priorizando o previsível: entra matéria-prima e sai o produto esperado.

O **pensamento exponencial**, relativo à Era digital, traz uma analogia bastante eficiente para explicá-lo: a linha de montagem está para o linear, assim como a internet está para o exponencial, uma vez que o jeito de pensar conectado por seus colaboradores ocorre de maneira mais fluída e de menos controle. Com isso, torna-se multidisciplinar, ou seja, expertises diferentes vivem o mesmo momento e situação e, portanto, imprevisível: entram ideias, surgem hipóteses, validam propostas e saem valores imensuráveis.

Lógica do pensamento linear

UNIDISCIPLINAR

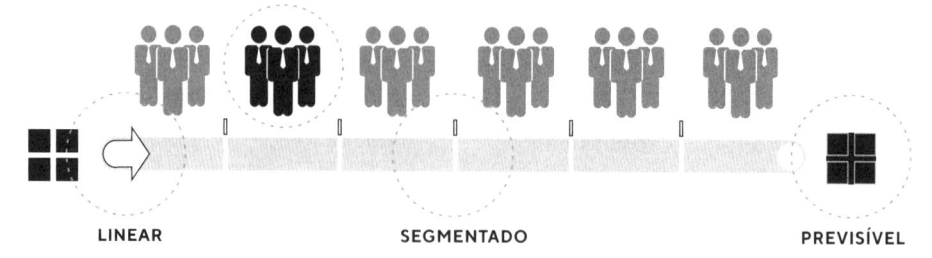

LINEAR — SEGMENTADO — PREVISÍVEL

Lógica do pensamento exponencial

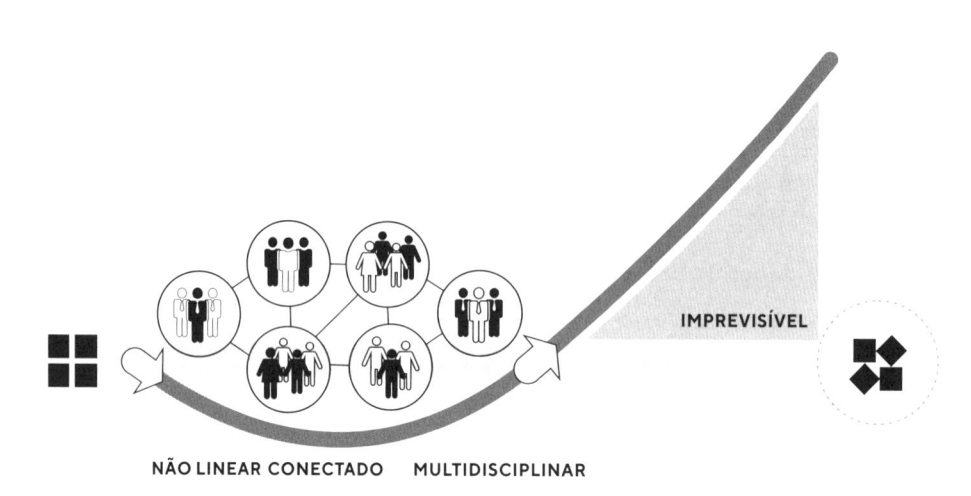

IMPREVISÍVEL

NÃO LINEAR CONECTADO — MULTIDISCIPLINAR

> *" Até podemos atrasar o futuro sendo resistente às mudanças, mas de maneira nenhuma podemos impedir que ele aconteça."*

O mundo mudou

Feitas essas observações, partiremos da constatação de que existem muitas pessoas vivendo em um mundo que não existe mais. Isso provoca o sério risco de sofrerem de algum mal comportamental, sem que saibam disso. E por quê? Vivemos imersos na tecnologia há aproximadamente vinte anos, mas quando o assunto é o mercado empreendedor — com atenção especial direcionada ao mundo das startups —, esse tema tem sido nossa forte bandeira. Para ter uma prévia ideia, no Brasil, poucas pessoas nem sequer sabiam o que era uma startup. Isso há apenas cinco anos.

Com o aprofundamento e muito estudo, observou-se um movimento interessante no mercado que pode ser chamado de "evangelização" e que difundiu conceitos, técnicas e teorias das empresas nascentes. Evangelizar, nada mais é, do que levar a boa-nova. É essa boa-nova que está transformando nosso mundo. Nossas relações com muitos dos produtos ou serviços que consumimos e/ou utilizamos está sendo drasticamente alterada. Meios de transporte, saúde e educação, mídias digitais, bancos ou ainda a própria alimentação, estão mudando completamente a forma como se relacionam conosco.

Hoje o desejo não é mais acumular nada, mas comprar apenas o que gera valor para nós. Valor é algo percebido, sentido, e não apenas mencionado em uma campanha publicitária. O que não é entendido como uma experiência não gera valor, de fato. As startups sabem disso tudo e justamente por isso estão reinventando nossa relação com quase tudo.

Não compraremos como compramos hoje e isso ocorrerá muito em breve. Nos EUA, por exemplo, a *Amazon* e o *Google* já disponibilizaram nos lares americanos um equipamento que, através de comando de voz, faz tudo pelo dono da casa: liga a luz da sala, liga a cafeteira ou ainda faz as compras no *e-commerce* de sua preferência. Comprar no modelo tradicional será coisa do passado em poucos anos por aqui também. Imaginemos: sabe aquele médico que nunca atende no horário e escreve suas receitas e pedidos de forma indecifrável? — Em breve, esses profissionais perderão espaço e pacientes, pois inúmeras startups oferecem acesso a plataformas de agendamento de consultas. A Era dos desserviços estarão com os dias contados.

Em um mundo altamente conectado e compartilhado, como veremos à frente, não faz sentido possuir um carro se você pode chamar um quando precisar, com o fato de não ter que dirigir ou ainda não pagar seguro, IPVA, multa etc. Essa já é a percepção e realidade de muitos. Chegou, enfim o tempo em que o consumidor é o protagonista.

O melhor é que estamos vivendo hoje um momento único em nossa história em que pequenas empresas, as tais *startups*, podem destronar uma enorme corporação tendo como pilares o bom atendimento, o preço justo e a inovação. As grandes, que por séculos "fizeram do seu jeito", passam a ser desafiadas por pequenas e médias empresas que sabem que o poder de compra e decisão final está na mão de quem sempre deveria ter estado, o consumidor, que por sua vez, pode escolher quem mais oferece valor a ele.

> "
> *O mundo mudou e você precisa mudar com ele."*

Transformação do mundo ou do homem?

Até aqui falamos sobre o momento especial da história da humanidade. A questão é: a tal transformação que estamos presenciando é um advento único e exclusivo da tecnologia? — É um elemento importante, senão fundamental. Porém, isoladamente, ela não traz nada de avanço para nós como seres humanos.

Sim, caro leitor, é isso mesmo que está lendo. A transformação digital apenas se tornou possível porque o ser humano de hoje já foi transformado há algum tempo. Vivemos nas últimas décadas uma enorme libertação em todos os sentidos. O mundo reflete com anseio por seu maior momento de paz, principalmente em função das conquistas de liberdades individuais e novos e dinâmicos modelos de arranjos da sociedade. Por outro lado, nos aglomeramos em enormes massas em cidades ou polos como nunca fizemos. Pouca gente no campo e todos juntos nas megalópoles também caracteriza esse movimento, que não é nenhuma novidade.

A transformação do homem que vive os dias atuais, com certeza, se deve em boa parte a nossa enorme capacidade de conexão, seja ela por meio da internet e de suas possibilidades, seja pela forma como nos movemos pelos espaços na Terra. A transformação digital e humana está em curso. Falta agora entender o que fazer com tanta abundância de possibilidades e tecnologias ao nosso redor. O que não está dando certo então?

A questão central é que a tecnologia sempre será um meio em nossa vida e precisa ser claramente entendida assim. No percurso, substituímos gestos simples por tecnologia. Terceirizamos sensações por conexão com o digital e adotamos como experiência a realidade virtual no lugar do cheiro ou do tato, por exemplo. A transformação digital é incrivelmente fantástica e ela abre as portas para um admirável mundo novo, desde que ela seja o meio.

Perceba que apenas poderemos viver as exponencialidades da transformação digital quando colocarmos o ser humano como centro deste momento da humanidade. Pouco importa ver o mundo sob o olhar de uns óculos — Realidade Virtual e Aumentada — se perdermos a capacidade de sentir o calor do toque. O que será de nós se não mais fizermos silêncio suficiente para ouvirmos nosso coração bater e nosso pulmão se encher de ar?

Tecnologia sem vida é caos. Caos é a ausência do bem e no caos, nós, humanos, tornamo-nos mais máquinas do que os próprios computadores. Não temos medo do que a inteligência artificial pode fazer ao mundo, pois, em verdade, temos medo do que um ser humano que perde sua humanidade pode fazer a ele.

A transformação digital nos apresentou uma nova realidade, um caminho sem volta. Veremos, ano após ano, tudo ser digitalizado e novos processos e tecnologias melhorarem nosso dia a dia. Estar atento a isso tudo é vital. Mas o fundamental é nunca esquecer as raízes, a base, o básico de onde tudo partiu. Respire fundo, feche os olhos e por alguns momentos, tente em silêncio ouvir seus batimentos. Se for difícil para você, pense bem no barulho que você anda produzindo no mundo.

> "
> *Não temos medo do que a inteligência artificial pode fazer ao mundo, temos medo do que um ser humano que perde sua humanidade pode fazer a ele."*

Consumo: o que mudou?

Em meio a tantas mudanças já apontadas até aqui, criar e desenvolver uma experiência marcante e relevante para o cliente é uma das premissas básicas do novo modelo. Para tal, é possível contar com ferramentas como o marketing e design na produção de bens de consumo ou serviços, como aprofundaremos adiante. Eles podem auxiliar na interpretação e definir melhor qual é o seu público, entender o que ele valoriza ou necessita e definir promessas de utilidade ou afetivas que os atraia.

> "
> *"O marketing tem como propósito conhecer e entender o cliente de tal forma que lhe permita ajustar o produto ou serviço às suas necessidades, para que realize o ato da compra."*
>
> **OSCAR MALFITANO CAYUELA**

Analisando as novas tendências de consumo: o marketing 1.0 era centrado no produto e passava pelo marketing 2.0, que era focado no cliente, evoluindo para o marketing 3.0; que, por sua vez, priorizava o valor e experiência. Finalmente chegando ao marketing 4.0, consequência da revolução digital, havia, portanto, ênfase na experiência e na conexão contínua com usuário, já que hoje o consumidor não pode ser encarado como um sujeito passivo, pois está imerso em uma sociedade disruptiva, caracterizada por desafios sociais, econômicos, políticos e ambientais.

As profundas mudanças dessa era, impulsionadas pelo avanço tecnológico, influenciaram significativamente os hábitos e consequentemente, o perfil do consumidor, transformando-o em um sujeito bem informado, opinativo e que tem a sua disposição um amplo leque de serviços e produtos muito parecidos tanto nas características quanto na oferta de benefícios. Estamos vivenciando uma mudança de Era em que as empresas precisam gerar mais significados ao que produzem e alinhados à economia da reputação.

As startups entenderam muito bem essa nova Era e esse novo momento do consumidor e por isso, desenham seus negócios a partir do problema e não do produto. Em todo seu processo de validação privilegiam o verbo e não o substantivo, com a busca de atender a uma necessidade não solucionada e problemas não resolvidos, saindo, assim, do confronto com as empresas que ainda proporcionam mais do mesmo.

Nessa evolução de consumo marcado por algumas transformações aparece um novo protagonista de mercado: o consumidor autor, que integrado ao mundo das mídias digitais, torna-se cada vez mais espectador autor, inovador em sua essência. As classes emergentes no mundo todo, por sua vez, compartilham os mesmos problemas, necessidades e aspirações de um mundo globalizado e ao mesmo tempo glocalizado[1]. Em contraponto ao utilitarismo das relações humanas na atual sociedade de consumo, uma parte relevante dessas classes começa a

---

1 **Glocalização** é um neologismo resultante da fusão dos termos global e local. Refere-se à presença da dimensão local na produção de uma cultura global. Fonte: Wikipédia, a enciclopédia livre.

manifestar suas aspirações em direção a uma transformação de uma economia da escassez; da desigualdade; do esgotamento dos recursos, para uma economia do acesso, da abundância, criativa, com predominância dos valores culturais, sociais, simbólicos e da reputação.

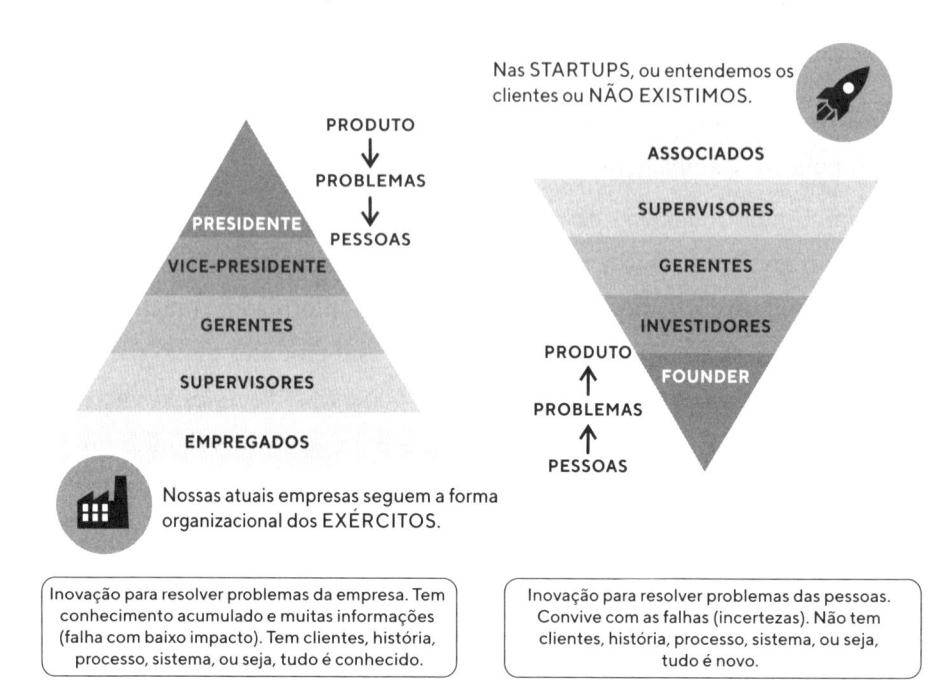

Pirâmide tradicional:
- PRESIDENTE
- VICE-PRESIDENTE
- GERENTES
- SUPERVISORES
- EMPREGADOS

PRODUTO ↓ PROBLEMAS ↓ PESSOAS

Nossas atuais empresas seguem a forma organizacional dos EXÉRCITOS.

Inovação para resolver problemas da empresa. Tem conhecimento acumulado e muitas informações (falha com baixo impacto). Tem clientes, história, processo, sistema, ou seja, tudo é conhecido.

Pirâmide invertida (Startup):
Nas STARTUPS, ou entendemos os clientes ou NÃO EXISTIMOS.
- ASSOCIADOS
- SUPERVISORES
- GERENTES
- INVESTIDORES
- FOUNDER

PRODUTO ↑ PROBLEMAS ↑ PESSOAS

Inovação para resolver problemas das pessoas. Convive com as falhas (incertezas). Não tem clientes, história, processo, sistema, ou seja, tudo é novo.

GRÁFICO: **Pirâmide invertida** — *Empresa tradicional x Startup*

Vivemos um dilema existencial, dividido entre atender às estratégias da empresa, de forma pragmática e focadas em resultados; ou investir em desvendar o novo mindset desse novo consumidor. Os mais atentos a essa transformação de mercado chegaram à conclusão de que precisamos acessar o coração e a mente do consumidor, entendendo que o seu público é formado por uma massa de seres, antes de tudo, humanos. Esse novo perfil quer ter suas necessidades e seus anseios resolvidos, buscando satisfação funcional, emocional e até espiritual nas marcas, produtos e serviços que elegem como os de sua preferência.

Com base nessas mudanças, aparecem os conceitos de marketing 4.0 e design de experiências que se conectam a disciplinas como o neuromarketing,

Design Thinking de serviços, *storytelling*, entre tantas outras, por acreditar que suas premissas principais oferecem valores, respostas e renovam a esperança para as pessoas que vivem os desafios desta era de transformação. Para Philip Kotler, três grandes forças moldam a paisagem dos negócios hoje: a Era da participação; a Era do paradoxo da globalização e por fim, a Era da sociedade criativa, que revolucionou a maneira como as pessoas procuram por informações, produtos e serviços.

As redes sociais se tornaram os novos canais de comunicação em massa, com vídeos viralizados e surgimento dos influenciadores digitais — personalidades que propagam comportamentos e impulsionam marcas, produtos e serviços. Em tudo que você precisa, há uma ferramenta digital para te ajudar e é nesses serviços de consumo de massa que a mudança se fez sentir mais presente e mais transformadora, gerando novos modelos de negócios.

Observando melhor a profundidade dessas mudanças e transformações, teremos condições de entender melhor as oportunidades que surgem na fusão do marketing e design com a neurociência.

Outro ponto importante é criar negócios alinhados com o nosso tempo. E não é sobre prever o futuro, mas como vamos criar e construir horizontes a partir das demandas da nova economia.

O mundo, os negócios e as pessoas estão mudando. A cada momento percebemos que está mais escancarado a nossa volatilidade, imprevisibilidade, ambiguidade, complexidade e inúmeras incertezas. **Será que estamos preparando a nossa mentalidade para desaprender, aprender e reaprender?**

É certo que precisamos alcançar melhores resultados, agirmos de maneira colaborativa para reaprender, refazer, reformular, reconfigurar, reorganizar e, quem sabe, ressignificar. Esse é um processo que começa com cada um de nós. **O mundo VUCA entrou em erupção!**

O momento que estamos presenciando — "a pandemia" — escancarou nossa volatilidade e as falsas seguranças que achávamos ter sobre os negócios e projetos, abriu as portas de coisas que não percebíamos e que muitas vezes deixávamos nos distrair. Agora diante dessas necessidades percebemos o que podemos fazer e ainda não fizemos.

Como se não bastasse a recente mudança de era impactada pela transformação digital, fomos surpreendidos com essa crise instalada pela Covid-19, que afetou profundamente as pessoas e que nos tirou de um lugar conhecido para nos colocar em outro desconhecido, nesse movimento que chamamos de crise. Assim, mudamos a forma e a maneira de fazermos as coisas, desencadeando um impacto negativo muito grande na economia que por sua vez nos levou a viver novos hábitos e vícios. Quando isso acontece, mudam-se os valores.

Saímos do mundo das coisas para o mundo das causas

Na Era Industrial, nosso valor estava nas coisas, na posse e baseado em uma economia tradicional. Dessa forma, o foco estava no produto, e, portanto, o valor estava no tangível, com nosso *briefing* a partir do substantivo — carro, cadeira, casa, por exemplo.

Com a entrada da Era digital, da internet e suas tecnologias exponenciais que saíram dos laboratórios e se conectaram aos valores, saem da atenção dada apenas para as coisas e inicia-se o privilégio dos serviços, ou seja, a experiência do que as coisas proporcionam por meio da solução de problemas, conduzido por um *briefing* pautado pelo verbo — mobilidade, deslocamento, morar etc.

Em 2007, com a evolução das tecnologias que proporcionam de fato uma interface digital com o usuário por meio de aparelhos celulares e uma crise financeira presente, surgem modelos de negócios que ofertam o **acesso** a produtos, serviços e experiências. Saímos de uma economia tradicional e começamos a adotar uma nova economia associativa, por exemplo. Nesse período, as empresas passaram por adaptações dos seus modelos de negócios. Por conseguinte, empresas centenárias começam a difundir uma cultura mais aberta e colaborativa e com isso, novas empresas conhecidas por organizações exponenciais e startups surgem já adaptadas às demandas da nova economia.

E com a chegada de uma Era que foi antecipada pela Covid-19, nossas empresas além de estarem adaptadas ao mundo VUCA, necessitam ressignificar seus valores, apoiados por uma **causa** e propósito.

Essa mudança nos apresenta uma nova realidade, um caminho sem volta. Veremos, ano após ano, novos modelos de negócios que surgirão a partir dessa ruptura. Estar atento a isso tudo é vital para você empreendedor ou intraempreendedor.

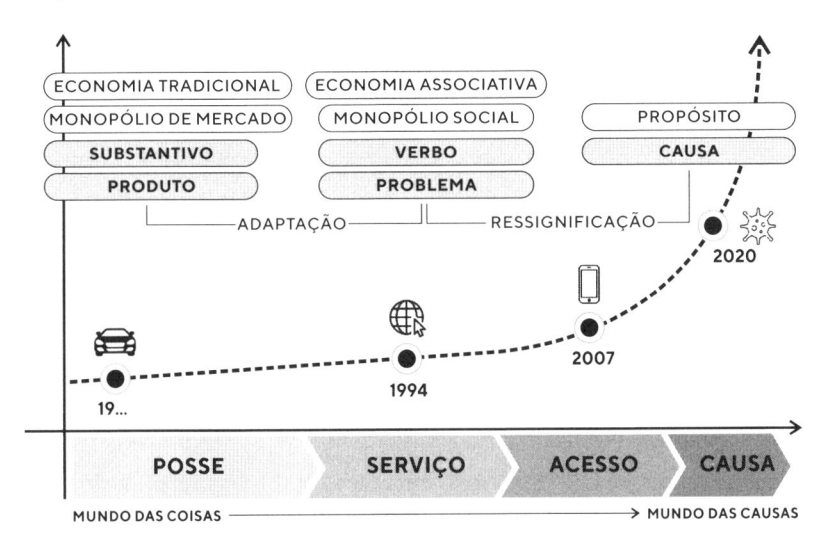

GRÁFICO: **Monopólio de mercado ao monopólio social** — Do mundo das coisas para o mundo das causas.

Cabeça, coração e espírito juntos

Especialistas e estudiosos já desmistificaram o mito da razão poder sobrepor à emoção na tomada de decisão e na capacidade de fazer escolhas. É falsa a ideia de que agir com a cabeça fria significa calar os sentimentos e emoções.

A ausência de emoção e sentimentos, na verdade, destrói a racionalidade em vez de melhorar o processo de decisão. Se nossos consumidores são sistemas vivos e dinâmicos, mutantes e influenciáveis dentro de uma sociedade em transformação, nada mais inovador que repensar o marketing, aliando-o à neurociência para desvendar em profundidade a real motivação para as decisões de consumo.

> "O neuromarketing é a chave para abrir o que chamamos de lógica de consumo, os pensamentos, sentimentos, e os desejos subconscientes que impulsionam as decisões que tomamos todos os dias de nossas vidas."
>
> **MARTIN LINDSTROM**

Em outras palavras, o neuromarketing estuda o processo de comunicação entre o ser humano vendedor e o ser humano cliente, considerando que os dois são pessoas que interpretam a realidade a partir de suas próprias experiências. Resumindo, podemos considerar que o neuromarketing é um método de investigação do comportamento do consumidor a partir do que ele sente e não a partir do que revela ou pensa.

Na interpretação do que as pessoas anseiam, precisam, querem e desejam, as organizações precisam colocar o foco em conquistar a mente, coração e espírito de seus consumidores, que estão cada vez mais conscientes em relação aos problemas sociais e ambientais, e que certamente interferem na decisão pela escolha de uma marca. Portanto, organizações que pretendem ser reconhecidas e relevantes a essas mudanças precisam compartilhar do mesmo sonho dos consumidores e ser a diferença no meio em que estão posicionadas. Esses valores e ações devem ser incorporados ao DNA com muita autenticidade e transparência.

> "Quando uma empresa opta por trilhar o caminho da inovação, precisa investir também na construção de uma cultura na qual os profissionais se questionem sobre o que já fazem bem e o que podem fazer melhor."
>
> **FÁTIMA JINNYAT**

Empresas bem-sucedidas não começam seu planejamento pelo retorno financeiro, mas pela realização do seu propósito e da sua missão e o retorno positivo será, então, resultado de suas ações. Dessa forma, a inserção de uma cultura realmente eficaz deve ser baseada em valores.

> *Pare de falar apenas sobre seus produtos e serviços e comece a falar mais sobre as emoções e transformações que vocês fazem na vida das pessoas."*

> *O mundo já está cheio de ideias, produtos e serviços, mas qual tem significado para você? Empresas com propósito começam a propor que se pense primeiro na diferença que os novos produtos e serviços farão na vida das pessoas."*

Para criar, observe

Pela frieza e distanciamento das análises baseadas apenas pelos números, pela velocidade cada vez maior das transformações no universo do consumo e pela incapacidade do consumidor típico em verbalizar exatamente o que quer, as pesquisas de tendências, bem como os métodos inspirados e baseados em etnografia, ganharam forças.

Precisamos criar e disseminar esse conhecimento e senso crítico nas empresas com o propósito de capacitar gestores e líderes a criarem produtos, estratégias, serviços e comunicação que correspondam a necessidades e desejos de seus públicos, assim como para contratar fornecedores especializados nesse conhecimento.

Essa cultura promove:

- a capacidade de analisar o universo simbólico e estético dos consumidores;

- o contraste entre: ouvir, perguntar, observar e experimentar;
- a captação das nuances que passam despercebidas em outros métodos;
- a conexão do contexto local de consumo ao contexto global.

Etnografia: é o método utilizado para a coleta de dados na antropologia. Sua base são os trabalhos de campos mais extensos (que podem chegar a mais de um ano quando falamos de trabalhos acadêmicos) orientados à descoberta dos significados culturais de um determinado grupo social. O método depende do pesquisador e antropólogo como observador e mediador. Esse movimento vem ganhando força nas grandes corporações devido à importância crescente das questões relativas à tecnologia e interação com o usuário. Seu uso é particularmente útil por enxergar o invisível a outras metodologias de pesquisa, cruzar o que é dito com o que é feito, pela inserção no ambiente dos participantes o que permite mais naturalidade e empatia, assim como o acesso ao não verbal no discurso dos participantes;

Pesquisa de tendências: é a pesquisa de mercado orientada à investigação de comportamentos, códigos visuais, design, variáveis políticas e macroeconômicas, recursos tecnológicos e geopolíticos buscando planejar cenários futuros. Com a crescente velocidade de transformações tecnológicas, culturais e comportamentais, essa forma de pesquisa ganha cada vez mais relevância. Seu uso é particularmente eficaz em indústrias nas quais o design e os códigos visuais têm ciclos de vida consistentemente mais curtos e complexos (moda, design de interiores, cultura jovem), em setores muito suscetíveis a transformações culturais vindas das margens (alimentação, bens de consumo não duráveis), ou onde a inovação tecnológica permite uma suplantação muito rápida dos produtos e soluções anteriores (eletrônicos de consumo, informática, serviços digitais).[2]

Quando nos aprofundamos no conceito do Design Thinking — e ainda vamos falar dele — o processo de pesquisa está inserido na etapa de imersão

---

2 Extraído do livro *Thoughtless Acts* (Jane Fulton Suri), que retrata imagens sobre como as pessoas interagem com o meio levando em conta aspectos físicos, sociais e culturais, sobre como coisas que fazemos sem pensar e podem indicar caminhos para novas soluções.

e significa "o que eu quero descobrir" sobre as necessidades do ser humano, ou das organizações, referentes ao tema. As descobertas constroem uma base sólida para suas ideias. Criar soluções significativas para os usuários começa com um profundo entendimento de suas necessidades e significa estar aberto a novas oportunidades, inspirar-se e criar ideias. Com a preparação correta, essa fase pode ser um abrir de olhos e vai proporcionar um bom entendimento do desafio. Para isso, precisamos:

Reagir — Interagimos automaticamente com os objetos e espaços que encontramos.

Responder — Algumas características dos objetos fazem com que nos comportemos de uma determinada maneira.

Sinalizar — Transmitimos mensagens para nós mesmos e para os outros através do uso das coisas.

Adaptar — Mudamos o propósito ou contexto de uma coisa de acordo com as nossas necessidades.

Explorar — Tiramos vantagens de qualidades físicas e mecânicas que percebemos nos objetos.

Imitar — Aprendemos comportamentos com o grupo.

O processo de pesquisa é o que coloca a curiosidade, observação e experimentação em ação. É uma abordagem estruturada para gerar e aprimorar insights. Veja a seguir algumas orientações que ajudam em seu desenvolvimento, desde identificar um desafio até uma melhor interpretação dos problemas e necessidades pesquisadas:

Desk Research: levantamento de dados secundários em fontes abertas e digitais, livros, documentários, bases de dados corporativos etc.;

Observações contextuais: processo estruturado por observação do consumo em seu habitat natural, tipicamente feito em ambientes de varejo ou em que o consumo aconteça naturalmente (locais públicos, festivais, centros comerciais etc.);

Entrevista em profundidade: diálogo com consumidores, abordando questões de negócio realizado de forma a otimizar a espontaneidade e assim, a qualidade da informação obtida entrevistador e entrevistado.

A fase de imersão do Design Thinking, pesquisa de tendências e técnicas de pesquisa etnográfica quando cruzadas e conectadas ajudam a compreender o território em estudo e os segmentos de consumidores mais relevantes, em termos de participação + tamanho de mercado + potencial de crescimento futuro, com o propósito de garantir uma ótima distribuição com o mínimo de esforços e investimentos, controlando os riscos.

Traçando um caminho e roteiro de pesquisa:

Por quê? — Defina o que você quer saber sobre o tema, escreva e compartilhe o que não sabe ou ainda não entendeu sobre o desafio.

Quem? — Defina seu público, pois uma compreensão profunda das motivações e necessidades das pessoas é a melhor base para qualquer solução. Considere um espectro amplo de pessoas que poderão se sentir tocadas pela sua proposta. O desafio escolhido vai impactar diretamente a vida de quem?

O Quê? — Elabore o briefing/desafio. Quantificar por aproximação, volume e valor dos segmentos principais e emergentes; mapear referências estéticas e influenciadores para cada um dos segmentos; investigar e registrar como a organização está se posicionando para atingir cada um dos segmentos e quais lacunas existem.

Como? — Defina metodologias. Para a quantificação aproximada, o método ideal é *desk research*, feito com dados de mercado, de associações do setor assim como dados de setores análogos aos segmentos; para mapear as referências estéticas, o ideal é combinar *desk research* de fontes digitais, observações em espaços comerciais e entrevistas com consumidoras que pertençam a cada um dos segmentos; para investigar o comércio local e a concorrência, o ideal é realizar observações contextuais tanto em empresas do setor como em outros setores que mirem nos mesmos segmentos.

Onde? — Defina campo e fonte. No *desk research* de quantificação, utilize dados do IBGE, revistas, institutos de pesquisa, associações de setor, entre outros. Para o mapeamento, aplique entrevistas em profundidade com o público-alvo, considerando gênero, faixa etária, classe social etc., de forma a obter uma amostra representativa por grupo e subgrupo. Observações contextuais em distintos mercados, considerando uma amostra de indústrias do setor pesquisado e uma amostra de setores análogos a pesquisa.

Decisões a partir da pesquisa

O processo de pesquisa e as interpretações transformam suas histórias em *insights* valiosos. Observações, visitas de campo ou até uma simples conversa podem ser ótimas inspirações — mas encontrar nisso significados e transformá-los em oportunidades de ação para a organização não é tarefa simples. Para isso, envolve-se tanto as histórias e experiências vividas quanto a seleção e a condensação de pensamentos, até que você tenha encontrado um ponto de vista convincente e uma direção clara para o próximo passo.

Essas descobertas, naturalmente, permitem às empresas ajustarem suas ofertas de produtos e serviços considerando essas lacunas advindas dos conceitos estéticos e comportamentais, criando e fortalecendo identificação com os usuários e consumidores através da comunicação, usando referências relevantes nas vitrines, catálogos e presenças em mídias sociais.

Inovar para construir um propósito que encanta

> *"Dê um único motivo: se você ou seu negócio desaparecesse hoje, que falta você faria ao mundo?"*

Caso não tenha a resposta na ponta da língua, está na hora de repensar seu propósito, porque essa será a grande chave da sobrevivência no século XXI.

Porém, ainda muitos de nós estamos presos aos caprichos e preferências do passado e quando estamos na coexistência desses dois mundos, é gerado um desconforto natural, cheio de medo e incertezas. Hoje, temos bilhões de pessoas conectadas no planeta e o digital já é realidade como já mencionado. Organizações e instituições já falam de inovação em primeiro plano, as empresas debatem a Indústria 4.0 e suas tecnologias exponenciais. Futuristas e pesquisadores de tendências estudam cenários possíveis, prováveis e desejáveis.

O desafio dos empreendedores/profissionais é descobrir como e por onde dar início à sua própria reinvenção. O conhecimento tradicional se tornou obsoleto, a resistência vem sendo vencida pela necessidade de aprendizagem diária e os novos assuntos ocupam cada vez mais espaço na mídia e encontros de negócios. O que está acontecendo com nosso mundo, com os negócios, com o mercado e com as profissões? Que país queremos no futuro próximo e que mundo desejamos a partir de agora?

Consumidores e organizações estão em busca de um propósito que encante. O mundo dos negócios está mudando com uma velocidade incrível, pois existe um novo momento do consumidor, que está mais atento à proposta da organização em relação ao seu papel no mercado ou sociedade.

Organizações devem atuar de forma mais ampla, e além do impacto positivo econômico, devem proporcionar impactos culturais, sociais, ambientais e dar significado ao que se produz. Negócios movidos por esse objetivo maior alcançam um desempenho muito superior àqueles que se preocupam apenas com o lucro dos acionistas, e ainda mais, atraem os melhores talentos e o respeito das pessoas.

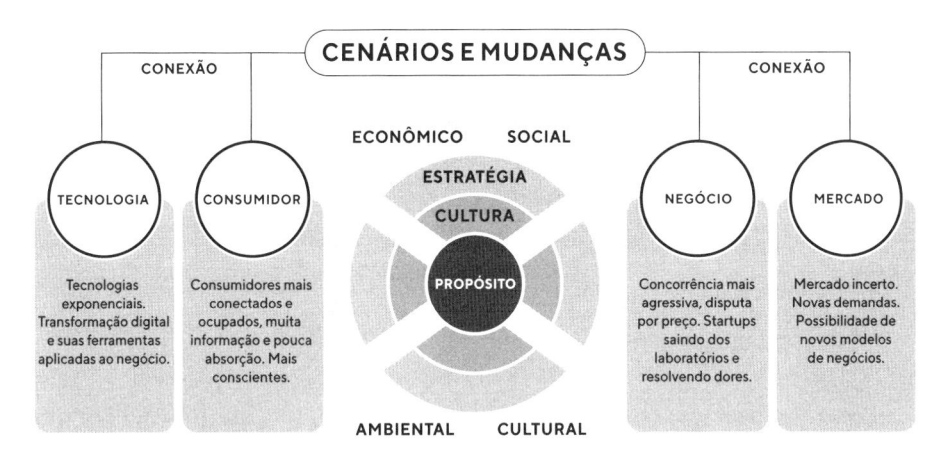

CENÁRIOS E MUDANÇAS

CONEXÃO — TECNOLOGIA — CONSUMIDOR — ECONÔMICO — SOCIAL — ESTRATÉGIA — CULTURA — PROPÓSITO — NEGÓCIO — MERCADO — CONEXÃO — AMBIENTAL — CULTURAL

- **Tecnologia**: Tecnologias exponenciais. Transformação digital e suas ferramentas aplicadas ao negócio.
- **Consumidor**: Consumidores mais conectados e ocupados, muita informação e pouca absorção. Mais conscientes.
- **Negócio**: Concorrência mais agressiva, disputa por preço. Startups saindo dos laboratórios e resolvendo dores.
- **Mercado**: Mercado incerto. Novas demandas. Possibilidade de novos modelos de negócios.

Um novo mindset da empresa com a transformação digital e inovação na relação com pessoas e serviços.

O gráfico acima apresenta o processo de construção de cenários a partir do propósito, que se estende ao entendimento e definição corretos da cultura presente na organização para que o propósito seja compartilhado, engajando seus colaboradores e stakeholders, que por sua vez, serão fios condutores dessa causa, com a difusão das estratégias e dos direcionamentos aos impactos relevantes que se deseja produzir — econômico, cultural, social e sustentável — na sociedade e na organização. Toda lógica de ação deverá estar conectada aos cenários conhecidos e seus fatores externos — tecnologia, consumidor, negócio e mercado — que impactam diretamente ao negócio para que os desafios inerentes ao propósito proporcionem transformações com significados e que sejam percebidas na relação do seu negócio, produtos e serviços com as pessoas.

Não há cultura melhor ou pior que a outra. O que existe é aquela mais adequada ou menos adequada à determinada organização.

Atualmente empresas precisam buscar um propósito que atenda às demandas da sociedade de maneira mais ampla, com o intuito de justificar a razão de existência de uma empresa. Para construir um negócio que encanta, não devemos apenas pensar na visão, missão e valor, é necessário ter propósito e essência.

Entender que seu negócio será conhecido pelo tamanho

- das diferenças que faz na vida das pessoas;
- dos problemas que resolve;
- das transformações que provoca;
- dos valores que entrega;
- das experiências que proporciona;
- das esperanças que recupera.

Podemos dizer que esse é o novo *briefing* para a empresa que procura por um propósito que encante. A cultura de uma empresa deve ir além das inovações por soluções e também começar a praticar mais inovações por significados.

A necessidade de inovar é urgente e vencer a resistência para isso é vital para qualquer empresa, mas antes de **ter** inovação, a empresa precisa **ser** a inovação. Trabalhar e inserir uma cultura de inovação passa pela mudança do mindset dos empresários. É preciso estar com a cabeça aberta, interessar-se pelo novo e passar a duvidar das suas preferências e métodos utilizados. Engajar os colaboradores pelo propósito da empresa.

Inovação significa colocar ideias novas em ação. Podemos inovar em soluções tecnológicas, em produtos e serviços, processos, modelo de negócio e mercado, mas também em significados. Na maioria das vezes, é preciso desafiar a lógica dominante de fazer as coisas certas e melhores para proporcionar mais significados para as pessoas, a razão pela qual elas necessitam daquela coisa. Quase sempre tecnologia e uma boa estrutura são investimentos caros, mas criatividade é barata e para todos.

PLANEJA — FATORES ECONÔMICOS

SENTE — FATORES HUMANOS

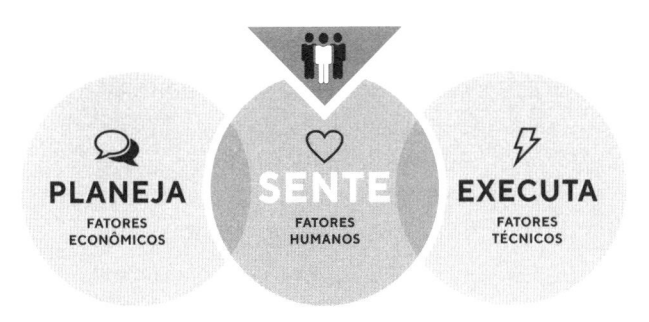

EXECUTA — FATORES TÉCNICOS

A dica é: estabeleça conexões entre os departamentos que pensam e os que fazem. Precisa existir um elo entre a inteligência e planejamento com a operação e execução, colocando o usuário no centro do desafio, e por meio da empatia, levar em conta fatores humanos, nossos desejos e nossa imperfeição, conectando-os com mais afeto. Essa cultura deve mesclar de forma fluida as intenções dos nossos CEOs com o conhecimento e a experiência dos funcionários e usuários.

A partir desse alinhamento, as evidências sobre os problemas e oportunidades ficam mais visíveis, e assim consegue-se administrar melhor a cultura organizacional existente em torno do propósito e das promessas afetivas e de utilidades, e por meio da autenticidade, desse processo é possível atrair os colaboradores para mais perto dos valores e causa de uma empresa. Ter uma visão clara desses valores aplicados aos processos de recrutamento e seleção também permite à empresa a contratação de colaboradores mais alinhados com eles.

> *Na maioria das vezes não temos que melhorar como as coisas são e sim mudar a razão pela qual precisamos dessas coisas."*

2 FUTURO E REALIDADE CONECTADOS POR UM MUNDO V.U.C.A.

V.U.C.A. descreve quatro características marcantes do momento em que estamos vivendo: Volatilidade, Imprevisibilidade, Complexidade e Ambiguidade. Apesar desse termo ter sido incorporado mais recentemente ao vocabulário corporativo e dos negócios, ele surgiu na década de 1990 no ambiente militar.

A escola militar U.S. Army War College utilizou esse conceito para explicar o mundo no contexto pós-guerra fria. No entanto, ele também se aplica perfeitamente ao ambiente de negócios atual, o que gera novos desafios tanto para os profissionais quanto para as organizações.

A evolução da tecnologia sempre foi a grande responsável pelas transformações nas empresas, com impactos profundos no modo de produzir e de consumir. Por isso, desde a Revolução Industrial, atividades mecânicas e repetitivas feitas por seres humanos foram sendo substituídas por máquinas, o que cria e proporciona postos de trabalho mais qualificados, com grande impacto na mudança da educação e capacitação de mão de obra para cérebro de obra.

O termo "cérebro de obra" foi inicialmente abordado por Lev Vygotsky[1], que se dedicou a compreender o desenvolvimento intelectual de crianças a partir das interações sociais pelas quais passam. Seus estudos foram utilizados de forma intensa anos depois da sua morte, sendo, o conceito "cérebro de obra" um incentivo à compreensão de que o trabalho mecânico não cabe mais ao ser humano e com o avanço das máquinas e tecnologias se faz cada vez menos necessária a mão de obra.

O início do tsunami promovido pela revolução digital acelera o ritmo de extinção e criação de ocupações e modelos de negócios. Estamos vivendo simultaneamente os dois mundos: o da Era industrial — promovido pelo pensamento linear (linear, segmentado, unidisciplinar e previsível) — e o da Era digital — pelo pensamento exponencial (exponencial, conectado, transdisciplinar e imprevisível). Como já foi dito, viver na coexistência de dois mundos provoca medos e dúvidas, pois passamos anos aprendendo o modelo linear e agora colidimos com essa provocação de um novo modelo de pensamento, que combina e explora melhor o mundo digital.

Mais uma vez precisamos destacar que a crise instaurada pela Covid-19 deixou ainda mais claras as transformações provocadas pelo mundo V.U.C.A. Seus aspectos ficaram mais compreensíveis, suas características mais marcantes e principalmente os seus impactos causaram ainda mais transformação no mundo em que vivemos. Essas transformações não têm volta e desse ponto em diante, os impactos serão cada vez maiores.

Entender e adotar as novas tecnologias como a inteligência artificial; big data; internet das coisas; realidade aumentada e virtual; machine learning; impressão 3D; entre outras, será de grande valor para se posicionar perante essas mudanças e fundamental estrategicamente. Afinal, significa melhoria de produtividade e vantagem competitiva, e o que não falta são discussões na mídia sobre o futuro

---

[1] Psicólogo bielorrusso Lev Semionovitch Vygotsky — Orsha, 17 de novembro de 1896 — Moscou, 11 de junho de 1934.

dessas máquinas e tecnologias, na relação com o ser humano no desenvolvimento de novas modalidades de trabalho e novos hábitos de consumo.

MUNDO VUCA
- FALTA DE PREVISIBILIDADE
- DINÂMICA DA MUDANÇA
- CAOS E CONFUSÃO
- ERROS DE LEITURA

EGOSSISTEMA — O FIM DO MUNDO COMO O CONHECEMOS

ECOSSISTEMA — INÍCIO DE UM NOVO MUNDO QUE SURGE

VELHO MUNDO — COEXISTÊNCIA DOS DOIS MUNDOS — NOVO MUNDO

GRÁFICO: **Mudança de mundo:** falência do modelo organizacional do "egossistema" para o modelo de "ecossistema"

Podemos projetar uma visão utópica ou distópica para o futuro do mundo, mas para isso, mais do que nos preocupar em sermos dominados pelas tecnologias como a inteligência artificial, por corruptos digitais ou *experts* em tecnologias exponenciais, devemos estar atentos para que o homem não perca a sua humanidade como verdadeira essência. Assim, a única certeza é a de que devemos utilizar essas inovações para promover melhores experiências ao ser humano, proporcionar momentos que nos trazem prazer e nos ajuda a viver melhor e valorizar o que nos humaniza. As tecnologias exponenciais devem descobrir "como" otimizar, e o homem deve descobrir "o que" e "por que" otimizar.

Alguns dos principais impactos para as organizações é a dificuldade de ter previsibilidade nos planejamentos; habilidades ágeis para interpretar das falhas e suas respectivas correções; criação a partir do caos e confusão e ainda, estabelecimento de uma gestão que acompanhe a dinâmica de mudança. A diferença agora é que em vez de projetar cenários de longo prazo, precisamos ter agilidade na capacidade de resposta às demandas desse ambiente V.U.C.A., com a maestria de não separar o futuro da realidade. Entender que a mudança é o processo no qual o futuro invade nossas vidas.

Essas mudanças e impactos implicam um novo mindset para empreender ou intraempreender, isto é, uma nova forma de nos prepararmos para o mercado e para a vida, na busca por absorver conteúdos relevantes. Dessa forma, empreender será nosso único destino: ou você tem uma estratégia e sonho próprio, ou então será parte do sonho e da estratégia de alguém. Todavia, esse novo cenário exige uma mudança de atitude, que podemos chamar de "mentalidade do aprendiz eterno". Esse movimento valoriza o aprimoramento contínuo das aptidões em sua área de atuação, assim como o desenvolvimento de novas habilidades complementares, com o intuito de sempre buscar as fronteiras entre o novo e o conhecimento.

> *Os analfabetos do século XXI não são aqueles que não sabem ler ou escrever, mas aqueles que se recusam a aprender, desaprender e voltar a aprender."*
> **ALVIN TOFFLER**

Na frase, Alvin Toffler fala da importância da necessidade constante na avaliação de nossas relações com as atividades que exercemos, estar receptivo a tentar desaprender como fazer uma atividade de um jeito antigo e reaprender de uma maneira diferente. Nesse cenário de mudanças e colisões de uma era com a outra, existe uma preocupação crescente das organizações com o futuro do trabalho, sua produção e das relações de mercado e consumo com o usuário.

Muitas são as publicações que falam das tendências de trabalho, das profissões e de novas demandas da sociedade perante o consumo, mesmo que nem todos eles — trabalho e consumo — sejam ligados diretamente à tecnologia.

A partir dessa colisão da Era industrial com a digital, houve um "estilhaçamento" de novos postos de trabalhos e novas habilidades, e assim, profissões como Analistas de Cyber e Smart City; Designer de Inovação; UX Designer; Gerente de Customer Success; Arquiteto de Experiências; Arquiteto de Dados; Gerente de Integração Homem-Máquina; Detetive de Dados; Curador de Memórias Pessoais; Designer de Interiores de Casas e Escritórios Inteligentes; Designer de Personalidade e Interface de Máquinas; Agente de Prevenção contra Cybers Ataque; e tantas outras que abrangem as mais diferentes áreas do conhecimento.

As organizações precisam ajustar seus conhecimentos e oferecer aos seus colaboradores novas habilidades, competências e mostrar como funcionam essas tecnologias exponenciais. Óbvio que não será necessário que todos saibam como funcionam, mas será um pré-requisito primordial adquirir a mentalidade de querer ser empático a elas e aprender de maneira contínua. Também é preciso os orientar e ser capazes de identificar por conta própria as oportunidades de aperfeiçoamento, e de eliminar lacunas de conhecimento.

> *O que você tem sido para o futuro que deseja? Como nos posicionar frente às grandes e rápidas transformações de um mundo V.U.C.A.: vulnerável, imprevisível, complexo e ambíguo?"*

VUCA

Refere-se:

Volátil/vulnerável (volatility): *à natureza volúvel e dinâmica da mudança, bem como à velocidade das forças inconstantes que provocam a mudança e seus catalisadores.*

Imprevisível (uncertainty): *à* **falta de previsibilidade**, *às probabilidades de surpresa e ao senso de perplexidade e hesitação na compreensão das questões e eventos.*

Complexo (complexity): *à* **falta de previsibilidade**, *às probabilidades de surpresa e ao senso de perplexidade e hesitação na compreensão das questões e eventos.*

Ambíguo (ambiguity): *ao* **estado de turvação da realidade**, *ao potencial de erros de leitura e aos significados mesclados das circunstâncias, à confusão de causa e efeito.*

O maior desafio de todos nós hoje é a **adaptação em tempo real** ao novo ritmo de mudanças. Adaptar e desenvolver novas habilidades como antídoto aos efeitos e dores proporcionados pelo mundo VUCA com:

Visão: saber enxergar exige ir além, ser um **visionário**, crer em si mesmo e nos outros, conectar saberes e compartilhar de modo implacável e eficiente seu propósito, apoiados por crenças, valores, fatos e evidências. Isso garante foco para que os esforços de sua equipe estejam alinhados à essência e à causa da organização.

Conhecimento: seja sempre um **aprendiz**, isso gera entendimento maior sobre os problemas e desafios a serem enfrentados; desafie o *status quo* da sua organização todos os dias; explore novas ideias e elimine conhecimentos vencidos e conheça muito bem as pessoas e seus respectivos desejos, medos e esperanças.

Clareza: simplifique, seja **autêntico** e reduza a complexidade com menos burocracia e hierarquia. Além disso, confie mais na sua intuição e experiências vividas; aborde os problemas sob outro ponto de vista; confie no seu coração e demonstre interesse em resolver os problemas dos outros.

Agilidade: seja **disciplinado** e tenha determinação em se adaptar rapidamente às novas circunstâncias, pois, se nasceu perfeito, nasceu tarde. Tome decisões com confiança; aprenda com seus erros e busque continuamente novas maneiras de fazer melhor o que já faz.

Economia da reputação: onde propósito e o valor vem antes do lucro

Essa economia está se expandindo para todos os modelos de negócios, por isso, é importante ter um propósito bem definido para que haja conversão. A Era da Economia da Reputação exige o alinhamento de um propósito bem definido à estratégia de negócio, no qual a cultura organizacional é o primeiro passo para a convergência desse propósito.

Com a priorização de negócios sustentáveis a partir de impactos positivos econômicos, sociais, ambientais e culturais, expressar um propósito não é o bastante: é preciso transformá-los em ações concretas. Reputação é sobre como o mundo enxerga você, sua marca e empresa. Portanto, transparência e autenticidade nas suas ações determinam o que pessoas e organizações farão por você. Já somos reconhecidos e valorizados por nossa reputação, em que, qualquer indicação, recomendação, transação e decisão serão definidas por isso.

Com essa expansão para todos os modelos de negócios, ela está cada vez mais eficiente, precisa e avançada do que nunca. Deixamos nossos rastros digitais e, as organizações por meio dos rápidos avanços tecnológicos têm acesso e permitem a coleta, análise e interpretação das nossas informações, sobre: opiniões, finanças, formação, hábitos relativos à compra, redes sociais e tantos outros dados relevantes.

O novo ecossistema da inovação para a reputação está em definir o seu propósito e a sua causa, que seja relevante e próspero para você e sua empresa, e ainda percebido pelas pessoas. Assim, devemos construir um posicionamento claro e autêntico perante o setor, estabelecendo conexões contínuas com os usuários na promoção de experiências que encantem. Essa conexão e entendimento dos momentos e situações que seu cliente fará com sua empresa, fornecerão elementos importantes de valor e principalmente avaliações sobre sua reputação.

Toda essa interação com o usuário traz a necessidade de reavaliar o seu modelo de negócio por um novo. Para tal, o relacionamento e conexão contínuos com seu cliente estão divididos em três etapas distintas: **reconhecimento**, quando o cliente se dá conta de uma necessidade; **solicitação**, quando o cliente identifica um produto e serviço que atende à sua necessidade e recorre a uma empresa que possa atendê-la; e **resposta**, quando o cliente vivencia a forma como sua empresa entrega o produto ou serviço. Em cada um desses estágios, o cliente espera por uma experiência satisfatória e resposta a um desejo.

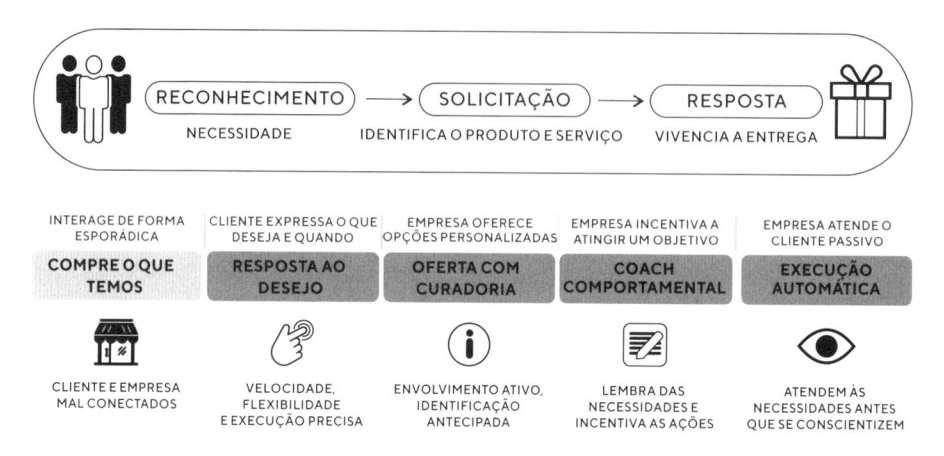

RECONHECIMENTO	SOLICITAÇÃO	RESPOSTA
NECESSIDADE	IDENTIFICA O PRODUTO E SERVIÇO	VIVENCIA A ENTREGA

INTERAGE DE FORMA ESPORÁDICA	CLIENTE EXPRESSA O QUE DESEJA E QUANDO	EMPRESA OFERECE OPÇÕES PERSONALIZADAS	EMPRESA INCENTIVA A ATINGIR UM OBJETIVO	EMPRESA ATENDE O CLIENTE PASSIVO
COMPRE O QUE TEMOS	**RESPOSTA AO DESEJO**	**OFERTA COM CURADORIA**	**COACH COMPORTAMENTAL**	**EXECUÇÃO AUTOMÁTICA**
CLIENTE E EMPRESA MAL CONECTADOS	VELOCIDADE, FLEXIBILIDADE E EXECUÇÃO PRECISA	ENVOLVIMENTO ATIVO, IDENTIFICAÇÃO ANTECIPADA	LEMBRA DAS NECESSIDADES E INCENTIVA AS AÇÕES	ATENDEM ÀS NECESSIDADES ANTES QUE SE CONSCIENTIZEM

REFERÊNCIA: **Revista Business Harvard Review** — *A Era da conexão contínua com o cliente.*

Vivemos em uma época em que a mudança ocorre rapidamente e os antigos modelos e estratégias não se encaixam mais. Há uma revolução na maneira de se relacionar e vender. Surgiram novas economias, entre elas, a compartilhada e associativa, nas quais as pessoas não perderam o desejo de consumir, mas o desejo da posse, privilegiando o acesso, ou seja, a experiência do que as coisas proporcionam.

> *Nossas necessidades mudaram. Sai a sobrevivência e entram as emoções."*
>
> **JOHN HOWKINS**

O consumidor moderno, além de alta capacidade e habilidade de comunicação com as marcas das quais compra, também se comunica intensamente com a comunidade formada por outros consumidores em torno das marcas. Na curadoria, — em comunidade — consumidores registram suas avaliações e considerações sobre as empresas das quais compram (ou tiveram qualquer outro tipo de relacionamento), o que enriquece consideravelmente as informações para tomada de decisão do consumidor. Redes sociais, sites de avaliação, marketplaces, plataformas de reclamações e comunidades online independentes carregam essas avaliações que chegam a todo o momento.

Sabendo que essas trocas de informações e experiências acontecem em alta velocidade, independentemente do desejo, autorização ou controle das marcas, isso se torna um motivo para que as marcas trabalhem de forma inteligente e dedicada na construção de sua reputação com os consumidores, sejam atuais ou futuros, pois se comunicam e atendem de forma transparente, extrapolando apenas a intenção de aumento de vendas, portanto visam também mitigar os riscos de quebra de reputação por não atuar em avaliações negativas registradas por consumidores conectados.

Novas tecnologias possibilitam a relação contínua com os clientes. É hora de adaptar seu modelo de negócio a essa nova realidade. Graças às novas tecnologias, diversos fatores interferem na disrupção dos negócios, o que permite interações digitais personalizadas com pouco conflito. Cabe ressaltar que frequentes organizações estão construindo laços mais profundos com os clientes, sem esperar que venham até elas, pois passaram a lidar com as necessidades dos clientes no momento e na situação em que elas surgem — e às vezes até antes.

Antigamente, as empresas interagiam com seus clientes de forma esporádica, ou seja, quando eles as procuravam. Com a evolução tecnológica, empresas evoluíram para novas abordagens por meio de estratégias que atendam às necessidades dos clientes no exato momento que elas surgem ou mesmo antes de elas surgirem, e assim, conectam de forma contínua os desejos e as necessidades dos seus clientes, com prioridade aos novos valores, demandas e anseios do cliente.

Nesse novo contexto, as empresas precisam utilizar essa conexão e relacionamento de maneira continua como parte fundamental de sua estratégia e modelo de negócio. Isso ocorre por meio de quatro tipos de conexão: Resposta ao Desejo; Oferta com Curadoria; Coach Comportamental e Execução Automática.

> **Ferramentas e conceitos de inovação para empreendedores — a busca por um negócio relevante e significativo para as pessoas."**

Na última década, a inovação se transformou em algo "normal" e desejável às organizações e já faz parte da estratégia do negócio. Na disputa por se tornarem empresas inovadoras e relevantes, nos últimos anos nossos CEOs introduziram e incorporaram muitas ferramentas e conceitos como Design Thinking, *lean startup*, *canvas* e *storytelling* no processo de idealização de um negócio, mas nem todas têm um propósito bem definido sobre a aplicação dessas ferramentas, tampouco claro sobre o que são e como fazê-lo. E, muito menos, têm conhecimento do processo de inserção da inovação para a geração de negócios que potencializem a sua reputação e relevância.

Na busca pela entrega de um produto ou serviço que seja o escolhido ou preferido pelas pessoas, mas que acima de tudo tenha significado e seja verdadeiro às promessas de valor comunicadas, devemos interagir com as pessoas e entender o que gera incômodos, além de tentar perceber também qual é aquele desejo que muitas vezes nem ele sabe tangibilizar. Assim, por meio dessas ferramentas, buscamos não só em profundidade o que é desejável pelas pessoas, mas também o que é, acima de tudo, possível tecnicamente, viável economicamente e atrativo, isto é, algo que encante.

Por meio do processo e utilização das ferramentas adequadas ao seu tempo de execução durante o projeto, partimos em busca do que é valor, quais são os elementos que o usuário/cliente deseja, precisa e quer — podemos dizer que valor nesse momento é solucionar uma dor, algo que incomoda ou uma necessidade ainda não atendida. Essa descoberta nos leva a uma interpretação de como podemos transformar esses insights em códigos racionais e emocionais, alinhados ao fator tecnicamente possível por meio da tangibilização desses códigos em atributos. Com essas hipóteses materializadas — proposta de valor —, faz-se necessário entender as demandas, o público, o tamanho do mercado e a possibilidade de escalar gerando experiências, uma vez que a visualização da viabilidade desse negócio introduzido no mercado precisa ser comunicado de maneira clara, objetiva e transparente às promessas afetivas e de utilidade, pois o cliente busca algo que precisa de significado para ele, assim como algo que o atrai, ou seja, motiva a se relacionar e ter vínculo com os produtos, serviços e marcas.

IDENTIFICAR VALOR + GERAR VALOR + ENTREGAR VALOR = CAPTURAR VALOR

Design thinking: ferramenta centrada no usuário — permite interpretar em profundidade quais são as "dores" e problemas relativos ao tema. Valida uma ideia por um processo de divergência e convergência de pensamentos e potencializa a criatividade por estímulos que envolvem a analogia, o caos, a imaginação e ambientes que são combinados e conectados às nossas experiências, emoções e pensamentos.

Lean startup: conceito que gira em torno de validar hipóteses e melhorias ao longo do processo, pois materializa os códigos emocionais e racionais identificados no Design Thinking. Em atributo, executa tudo isso antes de lançar definitivamente seu produto por meio do MVP — produto mínimo viável —, que funciona como uma versão beta de um produto, desenvolvida de forma ágil e econômica para ser apresentada ao seu público-alvo e receber feedbacks.

Canvas: ferramenta de gerenciamento estratégico, que permite desenvolver e esboçar modelos de negócios novos ou existentes. É um mapa visual pré-formatado que valida e viabiliza as ideias e o MVP por meio de nove blocos, que identificam se as propostas de valores atendem às demandas, geram escala e promovem experiências ao seu segmento de cliente.

Storytelling: conceito que valida suas promessas de utilidade e de afeto pela arte de contar uma história, pois é a soma de alguns fatores bem alinhados para encantar e cativar uma audiência. Por conta disso, é importante ter a noção exata do seu público para que a mensagem seja a mais personalizada e assertiva possível, e claro, tudo isso com muita transparência e autenticidade.

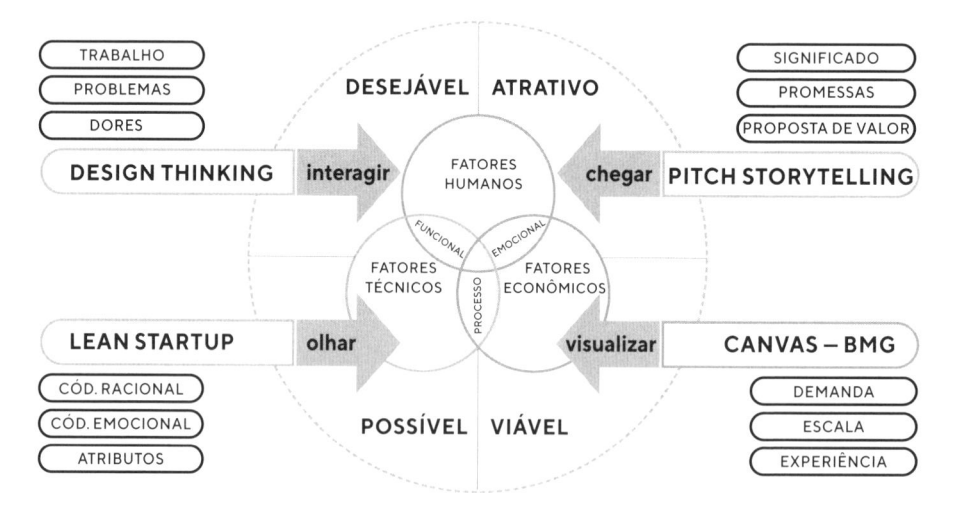

GRÁFICO: Ferramentas e conceitos utilizados na busca por um negócio desejável, possível, viável, relevante e significativo para as pessoas. Jornada que leva às inovações emocionais, funcionais, de significado e ao processo.

Talvez muitas organizações ainda permaneçam perdidas e não coloquem propósito na utilização dessas ferramentas ou até não tenham entendido que o principal é a criação de uma cultura de inovação corporativa antes da sua estratégia. Suas metas devem ser estabelecidas por meio de crenças e valores, e suas estratégias devem ser diretas e desenhadas por colaboração para que engajem todos os seus stakeholders. Se a empresa não tiver um propósito único e claro, ela não será inovadora. Estratégias de como "ser o melhor" não oferecem um caminho para a inovação da mesma forma que o propósito de **"faça o seu melhor"**, e faça com muito amor!

Importante:

Talvez o grande desafio para a construção de uma reputação, não seja realizar algo extraordinário, mas sim, algo ordinário extraordinariamente bem-feito.

Com a priorização de negócios sustentáveis a partir de impactos positivos econômicos, sociais, ambientais e culturais, expressar um propósito não basta, é preciso transformá-lo em ações concretas.

Sua marca com performance e propósito

Como já vimos, o novo consumidor está mais conectado e atento às propostas das organizações em relação ao seu papel no mercado ou na sociedade. Organizações precisam acompanhar a tendência indicada pelo comportamento do consumidor e as nuances da nova economia. Constata-se, assim, que é preciso atuar de maneira mais ampla, pois aquilo que antes era reduzido a gerar empregos ou a impulsionar a economia hoje é bem mais complexa, havendo uma exigência maior de que empresas tenham reputação e contribuam por meio do seu propósito e essência.

As empresas, por sua vez, serão reconhecidas pelo tamanho dos problemas que resolve, das transformações que provocam, das experiências que proporcionam e das esperanças que recuperam. Sendo assim, para que todos esses feitos ocorram, a comunicação precisa ser relevante e percebida pelas pessoas, com a atitude de falar menos dos produtos e serviços, com a priorização da compreensão das emoções e das mudanças que proporcionam à vida dos clientes.

Simon Sinek, que desenvolveu o *Golden Circle* — *círculo dourado* — relata uma técnica para ajudar sua equipe a se comunicar com mais relevância, fazendo com que obtenha sucesso nas vendas ou em qualquer setor de sua vida, pois é possível identificar um padrão no modo de se comunicar utilizado por grandes líderes e corporações. Para tal explicação, o conceito de círculo dourado é dividido em três camadas, conforme a figura a seguir.

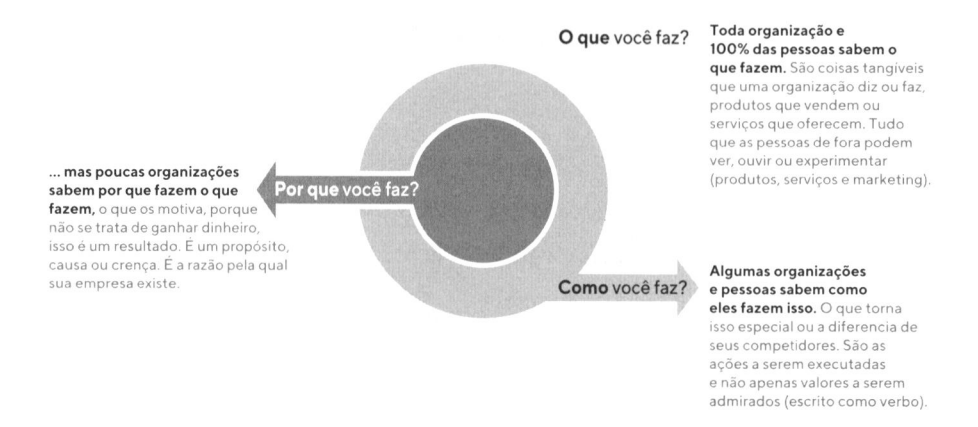

O que você faz? Toda organização e 100% das pessoas sabem o que fazem. São coisas tangíveis que uma organização diz ou faz, produtos que vendem ou serviços que oferecem. Tudo que as pessoas de fora podem ver, ouvir ou experimentar (produtos, serviços e marketing).

Por que você faz? ... mas poucas organizações sabem por que fazem o que fazem, o que os motiva, porque não se trata de ganhar dinheiro, isso é um resultado. É um propósito, causa ou crença. É a razão pela qual sua empresa existe.

Como você faz? Algumas organizações e pessoas sabem como eles fazem isso. O que torna isso especial ou a diferencia de seus competidores. São as ações a serem executadas e não apenas valores a serem admirados (escrito como verbo).

A camada central do círculo dourado é "why" (por quê?); a intermediária é o "how" (como?) e a mais periférica é "what" (o quê?). Em outras palavras: para obter sucesso, é preciso ir além da primeira camada, já que é preciso saber além de "o que" você faz. Quando exploramos mais o círculo dourado, entende-se qual o segredo do sucesso de algumas empresas e pessoas.

> *As pessoas não compram o que você faz, elas compram o porquê você faz. E o que você faz serve apenas como prova do que você acredita."*
>
> **SIMON SINEK**

Por isso, caberá entender como aplicar esse conceito na comunicação e nas vendas para conquistar melhores resultados a partir da construção de uma plataforma de marca e propósito. Por meio do conhecimento dos conceitos do *branding* e das ferramentas para a construção de uma plataforma de marca, define-se o seu posicionamento, missão, visão e valores. Além desses, percebe-se outros itens como: propósito transformador massivo, um princípio importante para engajar as pessoas em torno do seu futuro. Além disso, podem ser propostas ações ligadas à administração das marcas, tomadas com conhecimento e competência, fazendo com que se tornem parte da cultura, com influência e impacto na vida das pessoas.

Branding ou gestão da marca não é uma atividade ou um projeto, é uma nova postura empresarial e uma questão de sobrevivência. O processo de branding e da construção da plataforma de marca visa além de ações estratégicas, o estabelecimento da conexão emocional entre a marca e esses diversos públicos, agregando valor ao negócio. Assim, podemos compreender que branding é um processo de construção da marca e gestão dos pontos de contato com seu público-alvo, para que o potencial consumidor perceba a marca como a única solução para o que ele busca. Construir uma marca ou uma organização do ponto de vista estratégico engloba a definição da missão, visão e valor em busca de um propósito que encante.

O aspecto principal do branding é a consciência, por parte dos gestores, de que os clientes não percebem a marca apenas como um logotipo, mas como um identificador sintético da totalidade de experiências com o consumo de um produto ou serviço. Assim sendo, a gestão de uma marca é uma tarefa complexa que consiste em planejamento, execução e controle dos diversos aspectos da experiência.

Para a construção de uma marca com propósito é preciso definir:

Posicionamento: uma ação de diferenciação de uma empresa, produto, marca ou serviço por meio de atributos reais ou simbólicos, para se distinguir do concorrente e ser percebida pelos consumidores positivamente. Podemos definir seu posicionamento por meio de algumas perguntas:

- O quê? O único na categoria.
- Como? Por meio de destaques e diferenciação de características e atributos.
- Para quem? Para um nicho específico.

- Onde? Em localização geográfica e de mercado.
- Por quê? Porque desejam, precisam e querem algo, ou seja, possuem um estado de necessidade.

Propósito transformador massivo: engajamento de pessoas em torno do seu futuro por meio de um discurso autêntico, capaz de inspirar a todos por um propósito que encante. Pensar grande com ousadia é se atrever a "sonhar grande". É tão inspirador que forma uma comunidade de fãs e seguidores ao redor da organização.

Visão: descrição das aspirações para o futuro. As visões com mais efeito são aquelas que criam inspiração de querer mais, maior e melhor.

Missão: a visão torna-se tangível com a definição da missão. Essa reflete aquilo que um líder pensa sobre a razão de pertencer àquela marca.

Valores e atributos: conceitos que as empresas consideram fundamentais ao conduzirem suas atividades. Geralmente identificados na pesquisa/diagnóstico, podem ser valores desejados pela empresa, necessidades atendidas ou soluções para um problema.

Tagline: é uma variação de um *slogan* e marca. Geralmente é utilizado em materiais e anúncios. Em português, podemos dizer que é o mote da marca, a ideia por trás do conceito de criar uma frase marcante usada como uma referência para a marca. Deve ser: único, diferenciado de seus concorrentes; curto, deve sintetizar a essência e posicionamento da marca; fácil de dizer e lembrar, pois não deve ter qualquer conotação negativa, tipicamente representado em texto pequeno e, por fim; deve ser protegido e registrado, com a evocação de responsabilidade emocional.

Trueline: linha de posicionamento interno, ou seja, fato verdadeiro que pode ser dito sobre a marca, com base na sua essência e autenticidade.

Tom de voz: linha de comunicação verbal de uma empresa. O objetivo é definir qual a tônica da comunicação verbal — em especial da redação — para que sua empresa possa a todo o momento comunicar-se em seu mercado de forma alinhada, com o fortalecimento de seu posicionamento. O tom de voz é utilizado para orientar o trabalho de produção de conteúdo para o site ou a redação de anúncios da empresa, também pode ser usado para definir modelos de resposta por e-mail e padrões de atendimento.

Experiência de marca: localização das experiências que são proporcionadas ao mercado consumidor. No mundo que todo produto ou serviço se transforma em *commodity* instantaneamente após seu lançamento, a decisão de compra é sempre pelo preço, preço, preço... Por isso, a experiência da marca é o desafio na tentativa de conquistar a fidelidade.

É necessário também considerar dois fatores para o sucesso dessa tarefa:

- Consistência no trato com o cliente.
- Coerência na comunicação que deve reforçar, repetidamente, o posicionamento da empresa, seus valores e atributos da marca. Todos os "pontos de contato" com o cliente devem ser mapeados e monitorados para garantia da previsibilidade na transação comercial em todas as suas fases. "O diabo, mora nos detalhes."

O mundo já está cheio de ideias, produtos e serviços, mas qual tem propósito? — Para ter um projeto e marca que promova experiência, toque a alma.

Um olhar a partir das mudanças

Devemos refletir e promover uma leitura contemporânea sobre o que está em transformação; o que está em ruptura; quais seriam as novas perspectivas de trabalhos, produtos, serviços e consumo. Diante da jornada que já traçamos até aqui, fica claro que as empresas precisam ajustar seu radar para essas novas demandas por meio de absorção de novos conhecimentos, capacitação e provocação em seus colaboradores pela busca por novas habilidades e competências, que a partir da evolução da tecnologia, proporciona novos hábitos e comportamentos.

Veja algumas características indispensáveis para a adaptação num ambiente de negócios volátil, incerto, complexo e ambíguo; e como uma organização pode se posicionar para atender às novas demandas de produtos e serviços com relevância e, principalmente, para que a entrega de valores seja percebida pelo consumidor.

Mindset empreendedor: adote tecnologias exponenciais

Todos os dias, o mercado de trabalho e os modelos de negócios passam por processos de transformações. Assim como a sociedade de modo geral, o meio corporativo e as tarefas do dia a dia são impactados pelo alto e rápido desenvolvimento da tecnologia. Conseguir aliar a inteligência artificial com a inteligência humana, e descobrir **como** otimizar é um problema das Ciências da Computação e descobrir **o que** e **por que** otimizar não é. Eis aí o grande passo para uma empresa inovadora.

Propósito empreendedor

Se não há respostas precisas e específicas para essa dinâmica, tomar decisões num contexto V.U.C.A. é um ato de coragem — por que não falar de fé? —, pois o caminho é criar um ambiente favorável ao compartilhamento para a geração de novos conhecimentos, ou seja, o aprendizado coletivo. Ter um propósito e um posicionamento claro sobre a causa e qual problema você resolve é essencial para engajar seus colaboradores e usuários. Além disso, é primordial a transparência e autenticidade com um desenvolvimento contínuo de processos integrados, que possibilitem ao máximo a formação de uma cultura organizacional que tenha convergência com o propósito da empresa. Sua visão, missão e valores devem engajar as pessoas em torno do seu futuro e, principalmente, gerar resultados com base em ativos intangíveis.

Novas habilidades

Multidisciplinaridade para lidar com a complexidade. Todas essas mudanças proporcionam novos problemas, que na maioria das vezes são mal definidos. E quanto mais ampla a visão, maior a probabilidade de encontrar soluções desejáveis, possíveis, viáveis e relevantes. Nesse sentido, é fundamental ter frio na barriga e obter desafios que gerem a curiosidade de estudar diferentes assuntos de áreas distintas. Com equipes multidisciplinares, os estímulos gerados colidem com vários pontos de vista e geram conexões, que tendem a obter mais resultados relevantes perante o mundo V.U.C.A. O desafio é aprender a lidar com as diferenças.

Resiliência e flexibilidade

Se as mudanças são inevitáveis, voláteis e cheias de incertezas, é preciso resiliência para lidar com essa situação. A capacidade de manter-se em pé diante desse tsunami de mudanças e, ainda ter forças para se adaptar ao novo cenário, não é uma habilidade natural para todos que empreendem. Resiliência não é uma opção num mundo volátil e incerto, mas sim a necessidade de reforçar a sua autoestima e colocar amor acima de tudo, fazer o seu melhor diante dos acontecimentos. O futuro é líquido "as relações escorrem pelo vão dos dedos" e assim são as nossas certezas, pois ser flexível perante esse futuro é uma competência essencial para o aprendizado e adaptação. Devemos abrir nossa cabeça, aceitar e compreender que existem inúmeras formas de resolver o mesmo problema.

Fracasso como amigo e professor

O aprendizado vem da ação e, por isso, é importante estar aberto a cometer erros. Há uma expectativa nas organizações de que devemos nos esforçar ao máximo para alcançar a perfeição e a meta desejada e que com isso, não podemos cometer equívocos e devemos ser modelos perfeitos. Esse tipo de expectativa dificulta assumir riscos e limita as possibilidades de criar mudanças mais radicais. Utilizar os conceitos das startups como exemplo permite aprender fazendo, decidir rápido, errar rápido e aprender mais rápido ainda. Assim, mais que planejar cenários em longo prazo, a diferença está em ter agilidade na capacidade de experimentar respostas às perguntas geradas pelas demandas do ambiente.

Diferente de muitos que apresentam o erro como uma obrigatoriedade, o que estamos falando aqui é que o erro não deve mais ser motivo de punição por parte de líderes e empresários, uma vez que é importante lembrar que punição pelo erro é uma característica cultural da sociedade em que vivemos, mas ainda devemos compreender o erro como uma possibilidade bem-vinda, desde que ela permita alcançar novos conhecimentos reais, práticos e atualizados.

Mindset consumidor

Eu quero já! — O consumidor quer a velocidade, a economia do tempo e a garantia de prazer imediato. O avanço tecnológico por meio do 5G, Big Data, Inteligência Artificial, entre outras tecnologias, proporcionaram essa agilidade. E à medida que os consumidores passam a contar com essa eficiência e velocidade de informação, a tomada de decisão começa a cobrar o mesmo nível de excelência para todas as empresas e setores, independentemente do seu tamanho. Essa é uma tendência que pode representar problemas para muitas empresas de pequeno porte, ou então, uma oportunidade fantástica para sonhar "grande" e crescer.

Nesse contexto, precisamos compreender o **consumidor digital** como sendo mais que aquele que somente compra pela internet, mas todo consumidor corporativo ou pessoal que se utiliza dos meios digitais para interagir com empresas, marcas, comunidade conectada e seus agentes.

Experiência única

As organizações precisam pensar primeiro na diferença que os novos produtos e serviços farão na vida das pessoas, em vez de fazer mais um lançamento. Consumidores começam a dar preferências a mercadorias mais simples e serviços mais convenientes. Nos últimos anos, presenciamos um aumento de pessoas que buscam experiências autênticas, diferentes e que representem sua individualidade, por meio de produtos artesanais, locais e básicos.

Como apresentaremos em trechos posteriores, esses consumidores que buscam experiências mais que simples produtos e serviços normalmente estão dispostos a pagar mais caro e a comprar mais para alcançar essas experiências. Logo, as compras desse consumidor estarão em outras formas de consumo realizadas em modelos de negócios inovadores.

Consumidor consciente

Muitas pessoas já não compram mais o que você faz, mas compram a ideia e o porquê você faz. O que produz serve apenas como prova do que acredita, ou seja, seu propósito e valores antes do lucro. Diante dessa evolução da consciência do ser humano, relativo ao consumo, potencializam-se as preocupações com o planeta, saúde, animais e problemas sociais. Por isso, a expressão "negócio responsável" mudou drasticamente na última década — ser responsável não é mais um diferencial, mas item obrigatório de qualquer empresa que deseja se manter no mercado.

A transformação da sociedade, que acontece de forma cada vez mais acelerada por conta de movimentos mundiais e crises cíclicas, oferece cada vez mais a reflexão se "precisamos realmente de tudo o que consumimos". Assim, o consumidor consciente está cada vez mais disposto a rever seus padrões de consumo e a compreender como o uso dos recursos financeiros, ambientais, humanos, por exemplo, podem entrar em harmonia nos seus novos hábitos de consumo.

Somos experts

O consumo se tornou tema de discussões públicas e coletivas. E como clientes, nunca tivemos tanta razão nesse mundo digital e de mídias sociais, lugar onde se é exigido bom custo-benefício nas compras, e as redes e grupos de interesse usam movimentos de expressão de amor e ódio por uma marca/produto. Por conseguinte, as pessoas passaram a contar com a experiência de outros usuários para garantir mais segurança diante de tantas opções. Consumidores se sentem mais empoderados e é claro, que para as empresas, esse é um cenário muito delicado. Cliente satisfeito se torna um embaixador ambulante de boas indicações. Porém, se ele vivenciou problemas, gera-se uma verdadeira crise nas redes sociais.

Essa questão tem um impacto direto sobre como as marcas interagem com seus consumidores, pois este consumidor empoderado e conectado, mesmo sabendo que é um entre milhões de outros consumidores, quer ser atendido de forma individual e compreendido como um ser singular. Se ele não encontrar seu espaço de fala com as marcas, com certeza, encontrará esse espaço nas comunidades digitais das quais faz parte.

Movidos pelo bem do planeta

As novas gerações têm aversão e não querem nem ouvir falar de plástico. Essa intolerância só piora a cada vídeo e depoimentos de ambientalistas postados nas redes sociais sobre sacos de lixo, canudinhos e embalagens jogadas no mar — principal vilão e causador da morte dos animais marinhos e da poluição no planeta. Partindo desse princípio, vamos presenciar cada vez mais a ação reversa e partirá das empresas, a substituição do plástico por produtos biodegradáveis. A cada dia, marcas do mundo inteiro se engajam na missão de tornar suas embalagens reutilizáveis, recicláveis e recicladas, adotando o conceito da economia circular e, se possível 100% livre de resíduos plásticos.

Futuro e realidade conectados por um mundo...

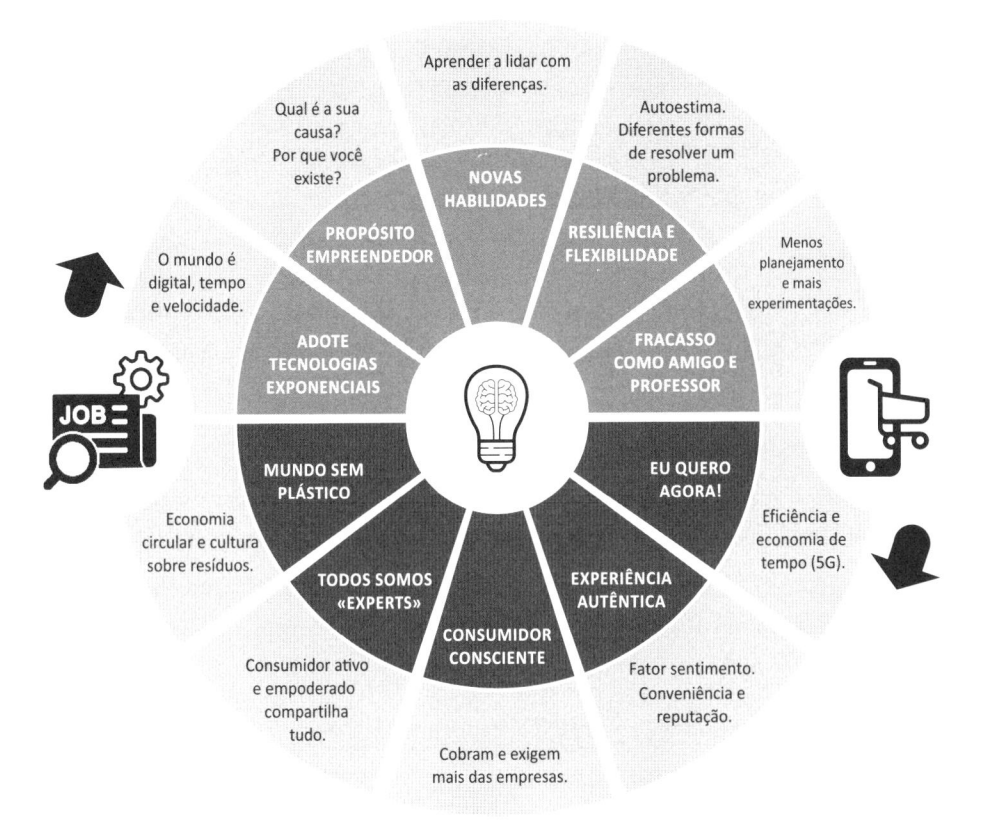

Novas Habilidades: Aprender a lidar com as diferenças.

Propósito Empreendedor: Qual é a sua causa? Por que você existe?

Resiliência e Flexibilidade: Autoestima. Diferentes formas de resolver um problema.

Adote Tecnologias Exponenciais: O mundo é digital, tempo e velocidade.

Fracasso como Amigo e Professor: Menos planejamento e mais experimentações.

Mundo sem Plástico: Economia circular e cultura sobre resíduos.

Eu Quero Agora!: Eficiência e economia de tempo (5G).

Todos Somos «Experts»: Consumidor ativo e empoderado compartilha tudo.

Experiência Autêntica: Fator sentimento. Conveniência e reputação.

Consumidor Consciente: Cobram e exigem mais das empresas.

REFERÊNCIA: *Base de informação a partir das pesquisas Euromonitor 2019.*

parte 2
DISRUPÇÃO E EMPREENDE-DORISMO

3
OS 4E'S DO SER

Nos dois primeiros capítulos, mostramos as principais transformações ocorridas nos últimos anos e como elas têm impactado diretamente a evolução social como um todo. Foram apresentados também os motivos que as fazem ser irreversíveis e como todo esse movimento, crescente e contínuo, está influenciando o futuro que construímos hoje.

Diante de todas as rupturas dos velhos moldes e a busca pelo novo, uma coisa é certa: pessoas e organizações precisam estar preparadas. Falar sobre revolução digital; evolução social e da indústria; sustentabilidade e tecnologias exponenciais tem se tornado comum, temas altamente difundidos na sociedade em função da sua importância. Contudo, saber o que realmente fazer com eles e como aplicá-los é o que você encontrará nas próximas páginas.

Para começar, é importante deixar claro que o primeiro ponto é a convicção de que não se pode utilizar todos esses dados, novas tecnologias e metodologias sem propósito. Utilizá-los por moda ou inveja, sem fundamento, ou pior, como receita pronta é um tremendo erro que pode custar caro, inclusive, comprometendo a reputação da sua empresa/marca. Por isso, é preciso criar um futuro inteligente, flexível e atento, pois é impossível falar de inovação sem ter como base esse tripé. Ou seja, o primeiro passo para se adaptar é estar disposto a mudar a sua própria mentalidade e a forma como você enxerga o mundo e o seu entorno. A convergência entre os dois mundos (físico e digital) oferece desafios, mas também possibilidade de empresas tradicionais saírem da mesmice e de novas empresas — pequenas, médias e startups espalhadas pelo mundo — serem os agentes dessa transformação. A partir de agora, todos podemos ser produtores e empreender se torna um destino, e será a única forma de reinventar o presente e construir o futuro.

Sendo assim, precisamos refletir mais sobre o propósito empreendedor da nova era partindo do princípio que empreender por opção, e não por necessidade, sempre será a melhor forma de transformar o mundo e de realmente fazer a diferença na vida das pessoas. A partir de um problema real, uma nova ideia ou solução pode transformar a realidade de um bairro, estado, país, ou do que estamos tratando aqui: uma empresa.

Cabe falar aqui também da importância do incentivo e das condições reais para que colaboradores possam fazer a diferença dentro de uma empresa, com o sentimento de pertencimento, com autonomia para pensar e articular novas ideias, produtos e mudanças internas, atitudes fundamentais no processo de quem quer empreender sem abrir mão do lugar que está. Entende-se como intraempreendedor aquele que tem a capacidade de transformar a realidade ou mesmo abordar de maneira diferente a solução de problemas sem que isso resulte em uma nova empresa. Intraempreender, portanto, não é a construção de um novo negócio, mas empreender dentro de empresas já existentes. Tal prática deve ser estimulada e não tolhida, por motivos óbvios: se seu funcionário não tiver espaço para dar vida a suas ideias dentro da sua empresa, ele o fará fora e provavelmente na dele.

Quando falamos sobre o risco de tolher a prática do intraempreendedorismo, existem duas importantes questões que devem ser analisadas: cultura organizacional e estilo de liderança da organização. Sabendo que um é subproduto do outro, é necessário entender o quanto a cultura organizacional da empresa incentiva as ideias e promove a discussão aberta destas, independentemente de quem as tenha gerado. Lideranças genuínas, baseadas na compreensão e estímulo da capacidade de criação do ser humano têm mais condições em articular o acolhimento e a prática das ideias dos colaboradores. Todavia, lideranças baseadas no poder e na vaidade impedem que ideias gerais dos colaboradores sejam levadas em conta no momento de decidir sobre o que implantar. A frustração dos colaboradores nos ambientes em que suas ideias não são ouvidas impede, na origem, que uma inovação mais aberta tenha condições de ser implantada.

Você deve estar se perguntando: como transformar esse ímpeto empreendedor da nova Era, fomentar empresas e agregar valor por meio da arte de criar e inovar? — E foi justamente para responder a essa questão que criamos a metodologia dos 4E's do SER, para entender a metamorfose empreendedora e como a vida e os negócios são impactados por esses fenômenos mercadológicos e sociais.

O sucesso nada mais é do que a perfeita harmonia da vida pessoal, profissional, isto é, os resultados que entregamos para o mundo. Quem alcança esse equilíbrio, espiritualidade e essência, consegue organizar, conectar talentos e faz do propósito de empreender um estilo de vida e não apenas de negócio.

Todo esse movimento passa antes pela segurança e protagonismo. Não dá mais para esperar e ver no "que vai dar". Inclusive, todos a sua volta estão no mesmo processo de descoberta e decisões. Para assumir um posicionamento e ter, de fato, uma direção, vamos aprofundar os estudos nos 4E's do SER e entender como eles estão inseridos na cultura de inovação.

- Primeiro "E" — **Empoderar** as pessoas. É a atitude de engajar em torno da sua causa, de ser inconformado, de sair da zona de conforto e acreditar que existe algo a mais, além do que fisicamente somos. Isso eleva a nossa capacidade de entender aonde podemos chegar. Trata-se da busca pela nossa vocação, potencializando os saberes. Por que não gerar seu próprio conteúdo e não apenas seguir o que os outros estão fazendo?
- Segundo "E" — **Empreender** onde estiver. Trata-se de potencializar a habilidade de sonhar e criar, com a capacidade de extrair ideias do conhecimento por meio da intuição e imaginação aplicada. É abrir mão dos

pensamentos lineares e lógicos para experimentar o exponencial, invadir outros domínios, criar conexões. Fazer networking é uma das maneiras de estimular a capacidade de sonhar e vislumbrar novos projetos e possibilidades.

- Terceiro "E" — **Envolver** as pessoas mais do que tentar convencê-las com sua razão. Você já parou para pensar sobre o que torna seu negócio valioso? — Não é o que você vende, mas a sua habilidade de resolver problemas complexos ou suprir uma necessidade. Colocar as pessoas no centro das decisões e das soluções desenvolvidas apresenta um novo cenário aos envolvidos nesse processo. A capacidade de engajamento em relação a produtos ou serviços que realmente resolvem problemas cresce de maneira exponencial quando as organizações se posicionam e alinham suas ações com o propósito de impactar vidas.

- Quarto "E" — **Entregar** novas experiências, com autenticidade. Aliás, só assim será possível atrair e manter pessoas e empresas por perto. Não existe mais espaço para "mais do mesmo". É preciso estabelecer uma relação de confiança e de significado com o usuário. Portanto, os valores precisam ser relevantes e o propósito percebido por consumidores e colaboradores, com emoção que inspira e transforma.

Processo da cultura organizacional e humana — 4E's do SER

TALENTO	VOCAÇÃO	EMPATIA	VALORES	ESPIRITUALIDADE
EMPODERAR mudar a mentalidade	**EMPREENDER** adaptar o modelo de negócio	**ENVOLVER** desenvolver novas habilidades	**ENTREGAR** dar sentido e significado	**ESSÊNCIA** atento aos sinais da vida
Você... TRANSFORMA	PROTAGONIZA	CONSTRÓI	REALIZA	TRANSCENDE
Em busca da causa e propósito	Desenvolvendo o ser empreendedor	Materializando o seu propósito	Engajando e sendo desejado	Liderando exponencialmente

GRÁFICO: Processo da cultura organizacional e humana. Os 4E's do SER. Como provocar a mudança de mindset e cultural da sua empresa.

E desse alinhamento e das muitas trocas de experiências durante o processo; mais importante do que desenvolver mais um produto, serviço ou negócio, devemos resgatar a essência e buscar novos caminhos que continuem a inspirar. Você realmente se lembra do motivo real que o fez empreender? — Não existe a menor dúvida de que entender qual a sua causa, sua luta e a diferença que fará na vida das pessoas o tornará, verdadeiramente, um líder exponencial da nova Era.

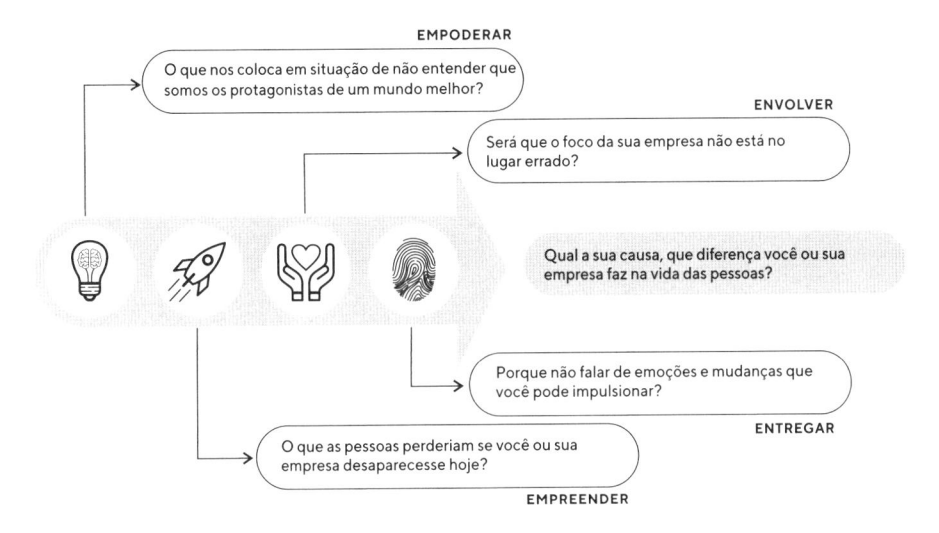

EMPODERAR
O que nos coloca em situação de não entender que somos os protagonistas de um mundo melhor?

ENVOLVER
Será que o foco da sua empresa não está no lugar errado?

Qual a sua causa, que diferença você ou sua empresa faz na vida das pessoas?

Porque não falar de emoções e mudanças que você pode impulsionar?

ENTREGAR

O que as pessoas perderiam se você ou sua empresa desaparecesse hoje?

EMPREENDER

Beleza oculta

Beleza oculta é tudo aquilo que nossos olhos não veem, mas podemos sentir. Imagine uma vida em que primeiro você faz a experiência do sentir e depois concebe pensamentos racionais, oferecendo assim, a oportunidade para que sua consciência tenha condições de ajudá-lo na tomada de qualquer decisão. Entenda: a proposta é que você inverta a lógica. Primeiro sinta, depois pense. Essa seria a melhor ilustração para se ter uma ideia e começar a compreender o que é a beleza oculta.

De fato, não é uma tarefa fácil. Racionalizar sempre será a primeira forma consciente de tentar entender o que está acontecendo. São, porém, os insights pouco percebidos pelo nosso córtex, advindos do nosso inconsciente e que fazem a diferença na tomada de decisão. Você já imaginou ter consciência disso e pautar sua vida, carreira e relações por esse viés? — Bem-vindo a beleza oculta. Para entender a importância, precisamos primeiro aprofundar suas bases e falar sobre o tempo, amor e a morte.

- **Tempo:** controle humano da dimensão do dia. Somos regidos por compromissos e regras. Já pensou em apenas viver o dia sem o controle do tempo? — Imagine estar presente e enxergar somente o que acontece à sua frente, sem a pressão de estar atrasado ou já pensando no próximo compromisso. Jamais se esqueça: você não controla o tempo. Ele além de ser perecível ao extremo, é completamente incontrolável. Agora você o tem a sua disposição, porém, não tem a mínima ideia se estará no controle em dez minutos. Estar consciente disso, presente e se fazer dono do tempo é essencial para que você o valorize. Seu tempo é seu. Dedicá-lo inutilmente a sensações, relações ou interações que não promovem seu crescimento é desperdiçar sua vida.

- **Amor:** você sabe o que é o amor? Teria uma prova física, real dele? Já sabemos a resposta, e sabe por quê? Tudo que vale a pena na sua vida é intangível. Amar é sentir, amar é ver com o coração. Temos três cérebros distribuídos em nosso corpo, em sua cabeça acontece a maior parte das sinapses. Mas você faz sinapses na veia aorta do coração e no intestino grosso. Sabe aquela dor no peito quando algo acontece, é seu coração literalmente sentindo sem que sua razão se oponha. Aquele frio na barriga quando você vê alguém que ama ou odeia? Aquele alimento que só fez mal a você ou ainda aquela bola no estômago que não deixa você comer nada? Os três cérebros são muito mais ativos do que imagina e eles sim são os responsáveis por suas decisões. A questão central é que por gerações fomos condicionados a racionalizar e ignorar o que sentimos, literalmente.

- **Morte:** lembra que o tempo é perecível e você não o controla? Já a morte é certeira e inusitada. Aparece e se apresenta sem você esperar, estar preparado ou desejar, apesar de ser a única certeza que temos. Ela é o destino final de todos os seres que tem vida. Se a morte é certeira, por que então fazemos de conta que ela não existe? Quantas pessoas apenas começaram a ver a beleza oculta quando a morte bate à sua porta. Mas também existem aqueles que se assustam e quando ela se apresenta, regridem voltando para "suas cavernas", sofrendo ainda mais. A isso eu chamo involução: poucos no mundo têm uma segunda chance diante da morte. **E o que você tem feito com a sua chance, sendo ela primeira ou segunda?**

Qualquer pessoa que deseja viver de forma plena precisa sentir, emocionar-se, colocar-se no lugar do outro, errar e acertar. Isso é humanidade. É o que nos diferencia das máquinas. A escassez do tempo, sua impossibilidade de controle nos coloca diante de um enorme dilema. Ou vivemos o amor do presente intensamente ou a morte pode nos bater à porta e sentirmos o fim sem que tenhamos vivido a plenitude.

Alcançar o sucesso, tocar as pessoas e transformar realidades só é possível quando você é capaz de entender que uma vida que vale a pena é aquela na qual os intangíveis têm mais lugar do que os bens que ocupam espaço. Tudo que ocupa espaço em sua vida pode estar justamente no lugar do que faz mais sentido a você. Pare de acumular coisas e comece a acumular experiências. Tenha mais histórias para contar do que coisas para mostrar. Seja mais lembrado pelas marcas de amor que viveu do que as de dor que deixou. Consegue agora mesmo colocar em uma folha pessoas que têm por você dívidas de gratidão?

Dívidas de Gratidão são aquelas que você tem por pessoas que tocou com seu amor. Gerou impacto, fez a diferença e em muitos casos será lembrado eternamente. Consegue me dizer quantos você tocou dessa forma no último ano, mês ou semana? Se você deseja fazer a diferença, seja diferente, não viva somente a racionalização do mundo. Mergulhe no intangível e acumule exponencialmente dívidas de gratidão. Viver é uma responsabilidade apenas sua. Entender que o tempo, amor e morte estão intrinsecamente relacionados é sabedoria. Ignorar a finitude da vida não é burrice, é cegueira. O pior cego é aquele que tem olhos, mas não sente.

"
O sucesso nada mais é do que a perfeita harmonia da vida pessoal, profissional e os resultados que entregamos para o mundo."

Metamorfose empreendedora

> "Se você não reinventar o que estiver fazendo, alguém fará isso!"
>
> **JOSEPH SCHUMPETER**

A partir de inúmeras experiências que temos vivido no mercado, em empresas privadas de pequeno, médio e grande porte, startups, instituições acadêmicas e organizações públicas, conseguimos identificar características comuns aos empreendedores e às próprias empresas em questão.

Com base em observações, estudos e análise de resultados, chegamos ao fundamento dos 4E's do Ser como destrinchado no início deste capítulo. Agora vamos aprofundar nos seus desdobramentos que aqui daremos o nome de Metamorfose Empreendedora. Trata-se de uma visão solidificada, fruto dos ensinamentos obtidos a partir da multidisciplinaridade e colaboração, com os casos práticos que estivemos envolvidos e que estão transformando as relações de uma organização, desde seu ambiente interno de relacionamento e autoconhecimento ao ambiente externo com o mercado e seus consumidores.

Para construir um paralelo, vamos utilizar um clássico da literatura que tem no título o mesmo nome, *A Metamorfose* de Franz Kafka. Quem leu sabe que o autor aborda temas polêmicos como a hipocrisia humana e abre uma carapuça de máscaras que usamos para nos proteger do que nos é diferente. O novo sempre assusta e o que realmente importa é o que você fará com ele — na vida ou no mundo dos negócios.

O personagem principal dessa história é Gregório, que poderia ser qualquer um de nós, porque é um homem comum, um trabalhador, como muitos, em um labor que não satisfazia seus anseios, mas que servia para ajudar a sua família e era o suficiente para viver. Identifica-se ou conhece alguém assim?

Continuando: um dia como outro qualquer, o personagem falta ao trabalho. Sua ausência leva seu chefe até a sua casa. E lá acontece o encontro com a realidade aparentemente fria e assustadora, principalmente sob o ponto de vista de quem não consegue ver a beleza oculta. Quando ninguém da família teria aberto a porta do quarto de Gregório, o chefe provoca essa situação e, juntos, se deparam com um grande inseto, com descrições semelhantes de uma barata.

A partir daí, existe o desenrolar de uma história que passa pelo medo, assombro, repulsa, mas que em um ponto chama atenção. A primeira preocupação do protagonista não é o fato de ter se transformado em um inseto, mas de estar atrasado para o trabalho e não conseguir sair da cama devido a sua nova forma. Mais ainda: ele tenta convencer o gerente e os demais de que está tudo bem, que sofreu um pequeno contratempo, mas que já estaria pronto para sair. Nesse meio-tempo a sua voz se transforma em ruídos.

A temática de *A Metamorfose*, na interpretação através dos olhos de quem lê, muito mais fala de um indivíduo isolado do seu meio, despido de sua "humanidade", ou seja, heterodeterminado pelas condições sociais do que de quem de fato olha para dentro e enxerga suas vontades e circunstâncias. O fato é que para empreender de corpo e alma, você precisa estar disposto a mudar de forma e até mesmo de natureza.

Nem toda metamorfose é ruim, pelo contrário e a própria biologia nos mostra que se trata de uma mudança relativamente rápida e intensa de forma, estrutura e hábitos que ocorre durante o ciclo de vida de certos animais. A metamorfose empreendedora é uma escolha, mas não fazê-la pode o colocar na mesma condição que o protagonista de Kafka.

Não existe glamour em empreender

A palavra empreender nunca esteve tanto em evidência. Apesar do bom momento e dos próprios estímulos, que fique claro que nem todo mundo empreenderá. Para empreender são necessárias algumas capacidades, que é claro, podem ser desenvolvidas, mas que nem todos estão dispostos a desenvolvê-las. Precisamos dizer ainda que empreender não é o caminho mais fácil para obter uma vida tranquila.

Essa reflexão é muito pertinente, pois com frequência observamos pessoas que desejam empreender pelos motivos errados e que adotam a relativização das dificuldades que existem no percurso. A primeira ilusão em que a maioria dos "vocacionados" a empreender cai é a cegueira em achar que seu produto ou serviço é inédito. A esmagadora maioria dos negócios é mais do mesmo com pouca ou nenhuma novidade. Moramos em um país enorme e com uma grande população de consumidores e isso leva à segunda ilusão: a possibilidade de empreender para esse universo, sendo que boa parte dos consumidores poderiam estar em outros países. Poucos negócios hoje existentes no Brasil realmente poderiam ser exportados. Desta forma, boa parte dos negócios ficam fragilizados quanto à possibilidade de crescimento.

Tendo como mercado nosso país, cabe pensar em outra dificuldade. Como ter acesso ao mercado e conquistar clientes? Veja que a preocupação não é em entender qual é o negócio em questão, estamos apenas delineando sobre o empreender, de fato. Acesso ao mercado é uma das etapas mais complexas. Primeiro porque é nessa fase que se valida um negócio efetivamente, quando se verifica que consumidores estariam dispostos a pagar por seu serviço/produto. Segundo, vender não é arte, é técnica! — Saber como colocar seu produto no mercado exige pesquisa, preparo, conhecimento do produto e do mercado pretendido, sem falar, é claro, nas diversas variáveis que estão implícitas na venda. Seja ela para o consumidor ou para empresas, vender sempre é um enorme desafio. Se vendedores de uma empresa reclamam constantemente que não têm preço para conseguir vender, tenha certeza de que os problemas são outros diversos, não somente o preço.

Sendo assim, poderíamos dizer que empreender pressupõe muito preparo para desafios e dose extra de persistência para validar seu produto ou serviço no mercado. E acima de tudo, muito empenho em testar, aprender e refazer os testes para que o mercado pretendido seja, de fato, alcançado. O que para muitos aqui poderia ser uma solução, nada mais é do que um erro adicional, já que não adianta delegar todo o esforço de vendas para ações de marketing digital ou campanhas eletrônicas. A enorme maioria dos negócios que nasce hoje acredita cegamente que conseguirá escalar seu mercado apenas com ações na web. A partir dessas colocações, uma pergunta é inevitável: Empreendedor, o quanto você realmente conhece de marketing — principalmente o marketing digital — e de vendas?

É incrível como o desconhecimento da área de vendas põe a perder inúmeros negócios. Talvez tal situação nasça justamente da glamourização que se tornou o empreender. Já ouvimos uma centena de vezes que na vida 1% é inspiração e os demais 99% são de puro suor, validando porta a porta, consumidor a consumidor seu produto. Uma boa ideia apresentada em belos slides não suporta as métricas de uma planilha quando confrontamos o esforço real com o resultado atingido.

Não há mágica em empreender. Para poder ter sucesso empreendendo, em primeiro lugar é essencial ter realmente um produto ou serviço inovador, útil, agregador e que traga significado, razão pela qual é relevante para o cliente. Não digo algo disruptivo, contudo, algo que realmente leva ao consumidor uma boa experiência. Em segundo lugar, o time ou equipe que pretende colocar essa empresa de pé precisa gastar muita sola de sapato para validar se de fato, alguém compra, como compra e como interage com a empresa. Entender essa relação é o segredo para escalar e atingir os demais consumidores e novos mercados.

Só é possível tomar as decisões certas quando se sabe para onde está caminhando e, principalmente, aonde se quer chegar. Antes de empreender, saiba que neste caminho, não cabe glamour. Empreender é trabalhar mais que a maioria, dormir menos que todos, frustrar-se muitas vezes e ouvir mais não do que sim. Você está preparado para isso?

> *Com muita frequência, observamos pessoas que desejam empreender pelos motivos errados e adotam a relativização das dificuldades que existem neste percurso."*

O mito do empreendedor

Quem nunca ouviu que para empreender basta descobrir o que se ama fazer e que dessa forma seria possível deixar de trabalhar, uma vez que toda nossa existência estaria envolta justamente pelo que nos completa e realiza. Bem, nem sempre é fácil assim viver do que se ama. Empoderar-se e empreender é assumir o inconformismo diante das mesmas respostas e propor novas soluções a problemas, segundo nossa visão de mundo.

Quantas vezes o empreendedor parte para um negócio, propondo uma nova solução em relação aos problemas que vê, tendo como principal argumento a sua capacidade técnica ou ainda sua história de sucesso no segmento pretendido? O problema é ignorar que sua motivação empreendedora é apenas uma paixão cega, pois sua capacidade técnica, apesar de grande, não será suficiente para que realmente constitua uma empresa.

Empreender não é só constituir uma empresa. Na grande maioria dos casos, um barbeiro, por exemplo, abre uma barbearia e de tanto trabalhar, vira empregado deste negócio. O mesmo acontece com aquele engenheiro que cansado de ter um chefe no pé, sai do seu emprego e abre um escritório de engenharia e começa, agora sozinho, a fazer os mesmos projetos. Diferente de saber executar algo que se resume a nossa capacidade técnica, construir uma empresa vai muito além disso.

Uma vez despertado para o empreendedorismo, o caminho mais sensato, após definir o segmento desejado, é constituir um modelo de negócios em que colaboradores executem com excelência justamente as tarefas que você fazia. Assim, "sobra" para você a mais essencial das tarefas: administrar seu negócio e manter a vontade empreendedora viva, aquela mesma que fez com que você deixasse seu emprego e abrisse o negócio.

A princípio pode parecer incoerente contratar alguém para executar algo que você ama fazer. No entanto, reside neste ponto o principal desafio entre o sucesso e o fracasso. Como já é sabido, no mercado, a grande maioria das empresas acabam não tendo vida longa ou morrendo nos três primeiros anos em decorrência da enorme sobrecarga que o fundador acumula de trabalho, tendo ele deixado de ser empreendedor e se transformado no pior dos empregados. Sim, pior dos empregados uma vez que trabalha bem mais que quarenta horas semanais. Além disso, não tem descanso nos finais de semana, não tem férias, não tem décimo terceiro, e o mais complicado: não tem como parar de executar o que faz. Qualquer imprevisto como uma simples gripe forte pode cessar a entrada de recursos financeiros essenciais para a manutenção da sua própria dignidade.

Dominar o conhecimento para o ramo pretendido não é garantia de felicidade, sucesso ou ainda perpetuação da empresa. Conhecimento, espírito empreendedor e domínio administrativo do negócio são essenciais para que sua empresa decole. Como juntar tudo isso? A grande verdade é que dificilmente uma única pessoa reúna todas essas capacidades. Ter, então, um sócio que complemente suas qualidades pode ser uma solução, para somar com o conhecimento necessário. Não existe uma empresa de "um homem só".

A própria vida cobra um preço muito alto de quem decide se aventurar sozinho e em muitos casos, a conta é a saúde, família e por último, a própria vida. Reunir mais pessoas em torno da sua ideia com inteligências complementares é o primeiro passo para a verdadeira constituição de uma empresa. São elas que resolverão problemas, transformando-os em lucrativas oportunidades de negócios.

A grande lição, no entanto, é que não importa o tamanho da sua empresa, sua vida é e sempre será o mais importante. Nada adianta ter sucesso empresarial, chegando, por fim, ao topo e perceber que lá não tem mais ninguém além de você.

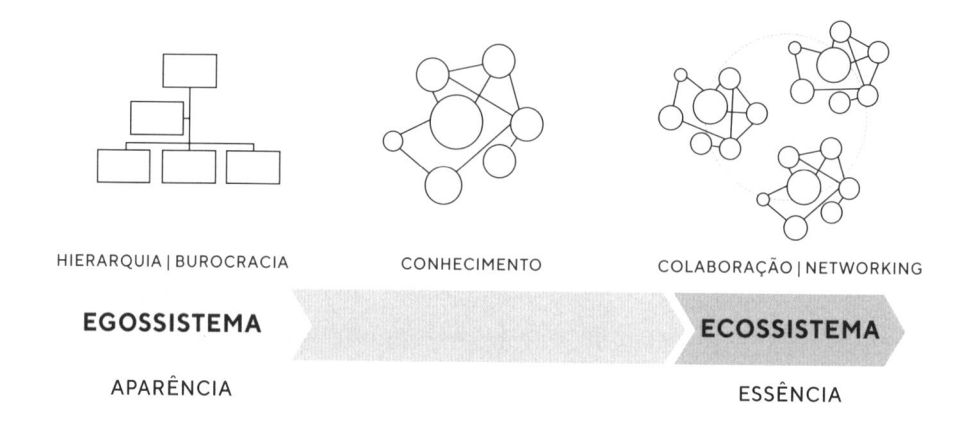

HIERARQUIA | BUROCRACIA	CONHECIMENTO	COLABORAÇÃO | NETWORKING
EGOSSISTEMA		**ECOSSISTEMA**
APARÊNCIA		ESSÊNCIA

Empreender para transformar vidas

Ser empreendedor em nenhum local do mundo é uma tarefa fácil. Algumas pessoas justificam a falta de coragem e ânimo alegando que no Brasil tudo é muito burocrático e difícil. Para esses, falta a sinceridade consigo mesmo. Para os demais, que resolvem desafiar o comodismo e o conforto, fica a satisfação de cada etapa e obstáculo vencido rumo ao cumprimento do seu propósito.

Receber um salário no final do mês com muitos benefícios é um bom consolador para muita gente. Ter seu horário para entrar e sair do trabalho é muito importante para a maioria das pessoas. Afinal, saiu do trabalho, nada mais tem a ver com o que deixou para trás. Então... por que as pessoas empreendem?

Resposta rápida? Liberdade, paixão, crença, protagonismo. Um empreendedor nunca deixa de sonhar, de acreditar, mesmo quando o momento econômico ou qualquer outro fator externo não ajuda. Mesmo quando ninguém acredita nele, ou ainda, quando precisa suportar os problemas, superar grandes desafios. Com certeza, o retorno financeiro é importante, porém, ele sempre será consequência quando se sabe o caminho que se quer seguir.

Empreender é desativar o botão da queixa e saber o que te move, seguir o seu sonho com muita determinação e não se deixar levar pela ilusão que é o caminho mais fácil. Questionar qual será a sua entrega para a humanidade, valores que geram prosperidade para você e sociedade. Entretanto, o sonho só se transformará em propósito se feito com muito amor e não se preocupe em ser o melhor, apenas faça o seu melhor, com muito AMOR.

Às vezes parece que falar de amor no mundo dos negócios não é compatível com a lógica de crescimento e competitividade que foi implantada em nossa cabeça por empresários e governantes neandertais, já que a produtividade vai para o ralo, e se mudarmos essa lógica dominante do espírito animal, do sangue nos olhos e faca na caveira com atuação de modo amoroso e fraterno nos negócios, perderemos a competitividade e principalmente o "espírito animal", que é a única saída para o sucesso profissional e dos negócios. Mas é esse o mundo que queremos? — Como já falamos por aqui, estamos vivendo a mudança de Era, com grandes e rápidas transformações e toda uma nova geração de profissionais e líderes estruturando novos modelos de negócios para a nova economia, que gera novas relações com o mundo do trabalho, consumo e pessoas. Esse novo modelo de empreendedor, por propósito, quer algo mais. Assim, sai o espírito animal do sangue nos olhos e entra a espiritualidade do brilho nos olhos.

Empresas que colocam o propósito no centro da estratégia e têm práticas que conectam o amor ao trabalho e negócios estarão mais alinhadas aos conceitos da nova economia.

Entenda o significado da palavra amor em conexão com o mundo dos negócios e as pessoas: a filosofia descreve uma reflexão importante sobre como percebemos o amor, detalhes que se encaixam perfeitamente aos modelos de negócios na elaboração da visão, missão, valor e portanto, na comunicação e relacionamento da sua marca, produto ou serviço com as pessoas. O importante é gerar impactos relevantes a partir da sua entrega, o amor eleva as pessoas e auxilia no processo de entendimento do que é moral, ética e reputação.

GRÁFICO **elaborado através da palestra do Dr. Clovis de Barros Filho,** TEMA: Três definições de amor.

> "
> *Deseje demais o que quer eroticamente à moda de Platão, consiga se alegrar com aquilo que o faz bem no mundo segundo Aristóteles e, finalmente, tire a tristeza de quem está do seu lado, ame ao próximo como Jesus Cristo nos ensinou. Essa é uma experiência que faz bem não só a quem está do lado, mas certamente para você também."*

Precisamos de muitos "resolvedores de problemas", por isso lembre-se: o empreendedorismo é antes de tudo democrático, inclusivo e colaborativo, oferece a qualquer pessoa, em qualquer lugar e com qualquer idade, a chance de ter um negócio e de encontrar um trabalho que gere valor para si próprio, e principalmente, para a comunidade em que vive. Note que transformar boas ideias em ações que ajudem a melhorar o mundo em que vivemos é a essência do empreendedorismo social, termo criado pelo americano Bill Drayton, 1980.

Como já foi falado, empreendedorismo e conhecimento técnico definitivamente não precisam estar enraizados juntos em uma pessoa só. E na prática, isso quer dizer que se você tem uma boa ideia e sabe que ela é a oportunidade perfeita para ter o seu próprio negócio e oferecer uma solução para um problema real, é hora de botar a mão na massa, planejar a sua gestão de produto e procurar parceiros para torná-la realidade.

Defesa em relação ao novo

Sabe aquele ser humano inconformado com as mesmas respostas, insatisfeito com a maioria das coisas que compra ou consome, formador de opinião e que insiste em novas abordagens para problemas antigos? Esse é o chamado empreendedor de impacto ou ainda **empreendedor por oportunidade.** Quando alguém com essa mentalidade resolve abrir uma empresa, ele não abrirá mais do mesmo. Nunca será uma opção para ele apenas utilizar algum recurso acumulado como o ponto essencial para a abertura de um negócio. Nesses casos, a grande maioria das empresas nascidas não tem nenhum sentido ou mesmo utilidade para o mundo.

Aproximadamente, 70% de todas as empresas abertas no Brasil partem do princípio da necessidade ou sobrevivência do ser humano — abrir um negócio por necessidade e não por vocação. Quando o motivo que leva alguém a constituir um CNPJ é apenas ganhar alguma remuneração financeira, as chances de sucesso ou ainda as chances de não passar pelo vale da morte dos cinco primeiros anos é praticamente impossível.

É assustador a quantidade de pessoas falando sobre startups sem nem ao menos saber como, de fato, o modelo de negócios dessas empresas funciona. E assusta mais ainda as pessoas que não conhecem o modelo de startups e mesmo assim, temendo o novo, disparam a proclamar um monte de incoerências. A verdade é que a grande maioria das empresas tem medo desse modelo de negócios. Por quê? Porque a agilidade em resolver problemas, testar as soluções desenvolvidas e validá-las com seus clientes monetizando este produto ou serviços, é algo feito com tanta velocidade por startups que os modelos tradicionais de negócios sofrem com sua lentidão e burocracia. Anos de gestão complicada criam empresas que prezam por tudo, menos pela satisfação do cliente.

Quem já empreende e quem quer empreender, deveria se debruçar sobre o tema das startups com seriedade e honestidade. Não é simples entender como um modelo de negócio tradicional pode adotar o conceito das startups e ganhar a agilidade tão necessária para o mundo de hoje. Entenda que agilidade não é falta de qualidade ou correr por correr apenas. Trata-se da capacidade de responder às mudanças do mundo e dos clientes para poder colocar no mercado novos produtos ou suas derivações, sem perder a oportunidade de mercado, crescendo, assim, rapidamente.

E por mais difícil que seja — para os empresários conservadores — é preciso aperfeiçoar a prática do desapego. Muitas empresas não crescem porque seus idealizadores estão apegados demais ao local, logo antigo, fornecedores amigos, mesmos clientes, dentre outros fatores. A vida é feita de ciclos, de começos e encerramentos.

O americano Malcolm Gladwell elaborou a teoria das 10 mil horas, pense bem quantos anos levou para que você pudesse se tornar referência em algo que faz em seu trabalho ou na vida pessoal. Fazendo uma conta bem fácil, 10 mil horas de experiência são como entre 8 e 10 horas por dia de trabalho, por 4 ou 5 anos, exercendo uma determinada função ou atuando em uma determinada área. Esse tempo, as tais 10 mil horas, são, por exemplo, um curso em uma universidade ou o tempo que depois da formação, começa a ter relevância naquilo que aprendemos. Ou seja, é a experiência necessária com base na prática para fazer algo bem-feito. E como explicar às pessoas que leem um artigo e acham que já estão totalmente inteirados sobre um modelo de negócio se a jornada empreendedora é um eterno ciclo de aprendizado de desapego e de recomeços?

Não existe jamais aprendizado sem dor e fracassos. Empreendimentos que não vingaram, sócios que não tiveram liga, projetos ruins ou ainda erros cometidos por imaturidade ou falta das 10 mil horas nesta ou naquela capacidade.

Certamente, qualquer um de nós três (autores) na primeira vez que subiu ao palco tremia como criança. Hoje, depois de tudo que já experimentamos em cima de um palco, em um processo de mentoria e até mesmo entre conversas nos bastidores, somos mais seguros, sabemos como conduzir. E o frio na barriga? Continua! E sabe por quê? Porque a nossa motivação ainda é a mesma, nosso desejo de impactar vidas, transformar empresas e pessoas. O brilho nos olhos também é o mesmo e talvez o mais importante, continuamos a aprender, escutar, estudar e compartilhar. Para quem se dispõe a viver o empreendedorismo em sua essência, não existe vaidade ou prepotência, mas uma vontade enorme de mudar o mundo ao seu redor e fazer a diferença.

> *Você já pensou nos ciclos que estão terminando e os que estão iniciando na sua vida neste momento?"*

Criar negócios e saber conectar as pessoas

Quando se fala em cultura de startup, estamos realmente falando do modelo de negócios e empresas que tem total aderência à geração que hoje está convivendo conosco e crescendo sob nosso olhar. Algumas características do que chamamos de cultura de startup explicam essa rápida conexão com os jovens, tais como:

Definição de um problema claro. Isso os encanta, saber que "têm" que resolver um problema específico;

A busca pela solução precisa ser algo que envolva a tecnologia tão difundida nas novas gerações;

Testar a solução rapidamente sem perda de tempo. E caso não dê certo, é necessário ajustar e voltar a testar na sequência;

Não ter medo de errar. Eles entendem que falhar faz parte do processo e evolução;

A sensação de pertencimento, de fazer parte de algo grande e relevante.

É impressionante como ainda hoje muitas pessoas acreditam que montar um negócio e ser bem-sucedido é... sorte. É claro que, pessoas que costumam fazer esse tipo de comentário não fazem a menor ideia de como é tirar uma ideia e/ou produto do papel.

Não existe fórmula mágica para alcançar o sucesso e se tornar o próximo unicórnio, mas se existisse, tenho certeza de que ela passaria certamente por várias poções de dedicação, trabalho duro e persistência. Hoje no Brasil contamos com um ecossistema mais maduro e forte, onde cases de empresas e empreendedores de sucesso nos mostram "qual caminho seguir".

Dentre algumas dicas que poderão auxiliá-lo na hora de empreender, elencamos dez pontos que devem ser observados antes de dar o primeiro passo.

Quer criar um negócio e conectar pessoas? Comece estudando e se prepare.

Produto x Audiência

Produto é importante, mas audiência é mais. O caminho ideal é construir um mercado e ter um público para depois focar o desenvolvimento do produto. Não adianta sonhar com um aplicativo ou produto inovador, se na hora em que ele chegar ao mercado, ninguém vai ver ou querer. No marketing digital atual se diz que "a audiência é a nova lista", ou seja, ter uma audiência clara para a qual será direcionado ou mesmo uma audiência já criada é ponto fundamental.

Invista na geração de conteúdo

Tenha o que falar e descubra a melhor forma de fazê-lo. Crie uma rede em seu entorno para que seja ouvido quando contar a novidade. Faça um blog, um canal no YouTube, faça palestras ou artigos no LinkedIn. Esse passo é o primeiro, instigue a curiosidade antes mesmo de lançar seu produto no mercado. Partindo do ponto que você tem as 10 mil horas que falamos anteriormente, crie autoridade no mercado para o qual quer entregar seu produto ou serviço.

Sonhe alto, mas comece pequeno

Será que você precisa de um site ou de uma ferramenta sofisticada para vender o que produz? Muita gente fica à espera de um grande investidor, de um novo aporte de dinheiro para algo que pode ser bem mais simples. Uma vez que você construiu sua audiência, até uma lista de WhatsApp pode funcionar tão bem quanto um *marketplace*. Foque dar um passo de cada vez e à medida que as coisas forem fluindo, você automaticamente terá que investir mais. É um caminho natural, não se preocupe.

Dinheiro não aceita desaforo

Em vez de contratar um desenvolvedor e fazer um site lindo e caro, alimente uma conta no Instagram com bom conteúdo e visualmente atrativa e use isso para vender. Faça uso do que você tem nas mãos em primeiro lugar, do que está mais disponível. Fala-se em MVP (que se refere ao produto minimamente desenvolvido, mas que já pode ir para o mercado para ser testado), mas, de novo — foque falar em mínima audiência viável. Encontre seu público com os recursos que você tem à mão, não precisa gastar com o que não deve no início.

Vai ter sócio? Cuidado!

Você sabia que boa parte das empresas não quebra por falta de dinheiro, mas por desentendimentos entre os sócios? Isso é real. A sociedade é como casamento, não dá para casar com alguém que conheceu em um evento no dia anterior. Escolha uma pessoa que você já viu como trabalha em momentos de pressão, com quem você já tenha experiência, seja um ex-colega de trabalho, alguém com quem fez projetos na faculdade.

Decisões difíceis fazem parte do dia a dia

O dia a dia em uma empresa é muito dinâmico e não dá para ficar pensando se faz ou não faz, se desliga alguém que não está indo bem ou não, se é melhor trocar um fornecedor ou mantém o que não está agradando. De um dia para o outro, você pode perder cliente, negócios. Ser lento ao tomar decisões pode custar um alto preço.

O achismo pode ser fatal

Não ache que tal coisa funciona de forma x ou y ou que o mercado e os consumidores vão ter a reação que você espera ou desenhou na sua cabeça. Faça testes, pesquisas, pivote se for necessário. É melhor mudar e ter uma chance do que insistir num erro que já se sabe onde vai dar.

Seja guiado pelas métricas

Para saber quem e o que está indo bem, na média ou incrível, o único jeito é ter ferramentas de avaliação e medição constantes. Cheque suas metas, confira como está a entrega, reveja seus KPIs (Key Performance Indicators ou Indicadores-chave de Desempenho) constantemente. Assim, você diminui consideravelmente as chances de cometer erros grandes ou tomar decisões impulsivas ou sem fundamento.

O olho do dono é que engorda o gado

O empreendedor ou CEO precisa estar por dentro de tudo, mesmo que o negócio já nasça com setores ou áreas que serão cuidadas por pessoas de confiança, pois é preciso saber como as coisas estão caminhando e o que cada um está empenhado em fazer. Quem não faz esse acompanhamento pode colocar energia onde não é necessário ou deixando áreas importantes de lado.

Vaidade não combina com empreendedorismo

E por último, e extremamente importante, é fato que alguns empreendedores desejam aparecer mais do que seu próprio negócio e/ou produto. É preciso ter bom senso na hora de resolver transformar sua ideia em um negócio. Você deseja se promover ou promover a marca que criou? Pode parecer estranho para alguns, mas muitos empreendedores se perdem por excesso de vaidade. Quando você se preocupa em dar mais entrevistas e aparecer em eventos do que em tocar seu negócio, cedo ou tarde, você terá um problema.

Apenas o empreendedorismo poderá salvar o homem

Como é bom e necessário renovar expectativas e esperanças. Vivemos um momento único em nossa história, como já mencionado no começo deste livro, o clima realmente mudou e nossas ações estão promovendo a maior alteração em ecossistemas jamais vista por este planeta. Só isso já seria um motivo suficiente para repensarmos nossas ações, afinal, ou mudamos ou não teremos nem sequer onde viver.

O fato é que o planeta não suporta mais velhos hábitos e o consumo desenfreado, muito menos a indiferença em relação aos recursos cada vez mais escassos da Terra. Não se trata de bondade ou ainda de ser "ecologicamente correto", mas agora tem a ver com sobrevivência. Nosso planeta demonstrará cada vez mais intensamente como esse consumo dos recursos naturais e a falta de harmonia ambiental são prejudiciais, por conta disso, presenciaremos mudanças sociais complexas.

E o que enxergamos diante desse cenário para muitos é caótico? Uma oportunidade única para dar início a uma nova fase em nossa existência e criar uma relação com o mundo em sua totalidade. É o momento ideal para — a partir dessas mudanças — adotar um novo posicionamento, estilo de vida ou modelo de negócio. É a chance de empreender novos negócios que ainda nem foram inventados, mergulhar nas novas tecnologias e impactar positivamente milhares de pessoas.

Da mesma forma que é requerida a adoção de novos modelos de negócios e novas estratégias na quarta revolução industrial, é demandado o desenvolvimento de novas habilidades e competências para compor o perfil do líder e empreendedor de sucesso. As velhas habilidades de liderança da gestão linear, tais como saber delegar e inspirar pessoas, ter boa comunicação e confiança, ainda são necessárias, mas no ambiente atual, diante da adoção do pensamento exponencial, devemos completar com novas competências.

Não estamos falando aqui de somente seguir uma nova moda de digitalização dos negócios ou somente de criar formas de receita, mas criar modelos de negócios estruturados em propósito e extrema entrega de valor.

Infelizmente, na maioria das vezes, as pessoas agem apenas quando são pressionadas ou quando não têm como postergar. Independentemente do seu motivo ou do ponto que está, o importante é saber que ainda dá tempo de corrigir, retomar, fazer tudo diferente. Só depende de você, de uma nova postura e ações mais conscientes. E nunca se esqueça de que "apenas o empreendedorismo poderá salvar a existência do homem no mundo".

4
O MITO DA CAVERNA DE PLATÃO

Em tempos de redes sociais e a busca incessante por um like, imagina o que aconteceria se os assuntos que mais gerassem engajamento, curtidas e comentários, fossem temas mais radicais e representativos. De forma geral, as redes mais usadas se destacam porque reúnem fotos de viagens, comida, animais, entre outros. Não que não sejam temas importantes que compõem a vida de qualquer pessoa, mas a reflexão aqui é sobre o tempo e o foco dado nas atividades que poderiam ser redirecionados para o crescimento pessoal de qualquer usuário das redes

Para entender melhor, façamos uma viagem para dentro da Caverna de Platão a partir das redes sociais mais usadas. Segundo o pensamento platônico, que foi bastante influenciado pelos ensinamentos de Sócrates, o mundo sensível era aquele experimentado a partir dos sentidos, em que residia a falsa percepção da realidade. Já o chamado mundo inteligível era atingido apenas através das ideias, ou seja, da razão. O verdadeiro mundo só conseguiria ser atingido quando o indivíduo percebesse as coisas ao seu redor, a partir do pensamento crítico e racional, dispensando apenas o uso dos sentidos básicos.

De acordo com a história formulada por Platão, *O Mito da Caverna*, existia um grupo de pessoas que vivia numa grande caverna, com seus braços, pernas e pescoços presos por correntes, forçando-os a fixarem-se unicamente para a parede que ficava no fundo da caverna. Atrás dessas pessoas, existia uma fogueira e outros indivíduos que transportavam ao redor da luz do fogo imagens de objetos e seres, que tinham as suas sombras projetadas na parede da caverna onde os prisioneiros ficavam observando. Como estavam presos, os prisioneiros podiam enxergar apenas as sombras das imagens julgando serem aquelas projeções a realidade.

Certa vez, uma das pessoas presas nesta caverna conseguiu se libertar das correntes e saiu para o mundo exterior. A princípio, a luz do sol e a diversidade de cores e formas assustaram o ex-prisioneiro, fazendo-o querer voltar para a caverna. No entanto, com o tempo, ele acabou por se admirar com as inúmeras novidades e descobertas que fez. Assim, quis voltar para a caverna e compartilhar com os outros prisioneiros todas as informações e experiências que existiam no mundo exterior. As pessoas que estavam na caverna, porém, não acreditaram naquilo que o ex-prisioneiro contou, chamando-o de louco. Para evitar que as suas ideias atraíssem outras pessoas para os "perigos da insanidade", os prisioneiros mataram o fugitivo.

Lembram-se da timeline das redes sociais mais usadas? Elas são hoje a "nossa caverna". Os algoritmos dessas plataformas nos acorrentam com suas lógicas de predileção baseadas no comportamento online dos usuários. São esses algoritmos que escolhem o que cada um verá, ofuscando a visão real do mundo. A maior implicação disso é que a partir dessa ação, cria-se uma geração que, tem sobre si mesmo e sobre o outro, apenas uma sombra, um vaga imagem do que são.

O maior problema em tudo isso seria a ignorância no sentido literal da palavra. Não é difícil constatar que a grande maioria nem sequer tem a menor noção desse recorte. Só é preciso se resguardar que, assim como na caverna de Platão, ao tentar mostrar que havia vida fora da caverna, dê vida a movimentos nascidos na própria rede em que a maioria tenha o mesmo comportamento.

O reino mítico das fake news

Vivemos em uma grande bolha. Mas não se trata das famosas bolhas das empresas de tecnologia. Vivemos na bolha das *fake news*. Interessante pensar nessa bolha sobre o ponto de vista do mito. Importante entendermos que o pensamento mitológico nasce na Grécia antiga e era uma forma de perceber o mundo através dos mitos. No pensamento mítico, temos um movimento em que a compreensão da origem do mundo, fenômenos naturais e origem dos povos é alicerçado na figura do mito.

O mito tem sua origem no termo grego *mythos* que significa um tipo bastante especial de discurso. Nesse discurso se caracteriza o discurso fictício ou imaginário. O mito não se justifica, não se fundamenta, portanto, ele não se presta ao questionamento ou a crítica ou ainda a correção. Um dos elementos centrais do pensamento mítico e de sua forma de explicar a realidade é o apelo ao sobrenatural, ao mistério, ao sagrado e à magia. As causas dos fenômenos naturais, aquilo que acontece aos homens, tudo é governado por uma realidade exterior ao mundo humano e natural, superior, misteriosa ou divina.

O mito das fake news

Assim como o pensamento mitológico, as fake news têm sua criação dentro da mesma lógica. A partir de um fenômeno quase sempre criado através do imaginário, explica-se de forma sobrenatural aquilo que é impossível se explicar no mundo real.

> "
> *As fake news se tornam verdade, assim como os mitos eram considerados formas reais de entender o mundo através de propagadores impulsionados pelo movimento e fluxo digital que vivemos nos dias atuais."*

As bolhas que constroem as fake news assim como os povos da antiga Grécia nascem de pequenos grupos fundamentalistas. Fundamentalista é todo aquele que acredita cegamente em uma verdade que apenas para aquele grupo é relevante. Tais grupos, criam "verdades" e as propagam utilizando os mais diversos recursos e influenciam milhões. Mas, caro leitor, não se engane. Por trás de tais "verdades" propagadas pelas fake news, existem muitos interesses que nem sempre estão claros para todos.

> *Os algoritmos das redes sociais geram 10x mais retorno financeiro para fake news do que para informações verdadeiras."*

Alguns grupos que propagam fake news têm interesses muito claros, já que divulgam intensamente suas doutrinas, visões de mundo ou ainda valores morais que apenas para eles fazem sentido. Nesse movimento, podemos considerar como fake news justamente porque tais informações propagadas não se apoiam em uma realidade científica ou de embasamento coerente. Eles apenas propagam por serem fundamentalistas em suas convicções.

Em outro movimento, a propagação das fake news tem um objetivo claro: gerar retorno financeiro se aproveitando da matemática do jogo. Uma fake news, em alguns casos, pode gerar até dez vezes mais retorno financeiro a um anunciante do que uma notícia verdadeira.

Um dos exemplos mais interessantes da ação desse tipo de notícia em nosso dia a dia se dá quando navegamos em alguns portais famosos na internet. Em muitos momentos somos apresentados a links, banners ou ainda informações sobre medicamentos, tratamentos ou procedimentos milagrosos. Essa veiculação de propaganda ocorre devido a sua relevância aferida pelos algoritmos das redes sociais e dos buscadores de alta nota de aferição.

A partir dessa nota, seu ranqueamento é elevado sendo propagado por mais e mais pessoas. Em uma lógica nefasta, produzir fake news rende mais dinheiro do que produzir conhecimento verdadeiro. As redes sociais e buscadores que apenas visam os lucros ofertam tais informações como "verdades", ampliando o reino mítico e criando uma sociedade cada dia mais doente e dependente.

A única arma contra a fake news é a educação

Sim, as redes sociais e os buscadores não são confiáveis. Talvez essa seja uma percepção antiga, mas que a cada dia se torna mais real, à medida que percebemos a lógica de lucro do sistema imposto por elas.

Não é a qualidade da informação que está em jogo, mas a sua capacidade de gerar visualizações e rentabilidade. Quebrar o ciclo depende apenas de cada um de nós e talvez por isso se torne tão complicado mudar a realidade que vivemos. Quando transformar algo em realidade seja uma mudança que depende da ação de cada um, temos diante de nós um desafio quase inatingível.

O que está em questão é a mudança das regras do jogo. Ou é quebrado o monopólio da "verdade" imposta pelas redes sociais e pelos buscadores ou estamos diante de uma bolha em que boa parte da humanidade entrou, a qual podemos chamar de verdadeiro reino mítico.

Da cloroquina para a Covid; ou das plantas quase desconhecidas que curam câncer, somos impactados dia a dia por informações que apenas geram riqueza a uma indústria e escravizam todos aqueles que acreditam nesses tais veículos como propagadores da verdade.

A informação nos eleva acima desses mitos, mas apenas uma verdadeira transformação do sistema poderá alterar radicalmente esse cenário.

A transformação do Brasil passa pelo empreendedorismo

Brasil afora, temos acompanhado na prática a transformação de algumas regiões do nosso país, ainda que de forma silenciosa, a partir do empreendedorismo. Jamais construiremos a nação que desejamos sem que antes transformemos a realidade das pessoas auxiliando-as a empreender. Veja: não quer dizer que empreender seja a única forma de transformação, mas, com certeza, é uma das mais importantes tendo em vista que todos nós podemos fazer parte desse movimento como já foi mostrado.

Mais uma vez, não quer dizer que todos tenham que ter um CNPJ, mas ter a mente empreendedora que, diante de um problema, não delega a responsabilidade da solução. O ser humano empoderado e dono de um mindset empreendedor resolve o problema ou ajuda a criar soluções possíveis.

Perceba que essas pessoas não estão apenas criando uma empresa incrível: também estão começando a mudar a região em que estão sediadas, até mesmo o próprio Brasil. O poder de um pequeno grupo de empreendedores em transformar uma região é imenso quando reflete a essência do que se acredita. Não se trata aqui de apenas construir um novo negócio, mas de transformar com propósito a vida das pessoas que estão ao redor; é fazer das dificuldades uma mola propulsora.

Mesmo durante a pandemia do ano de 2020, tivemos um ano especial para as startups brasileiras, pois atingimos doze startups se tornando unicórnios. Entre elas podemos destacar Nubank, Loft, VTEX, iFood, Movile, Stone, Arco Educação, PagSeguro, Gympass, Loggi, QuintoAndar, Ebanx e Wildlife. Essas startups "made in Brasil" alcançaram — ou superaram — o valor de mercado de US$1 bilhão, alcançando o título. A movimentação levou a um empate entre o Brasil e a Alemanha como os terceiros países que mais "criaram" unicórnios no ano passado, atrás dos líderes Estados Unidos e China, que levaram o segundo lugar. A Loft, startup de compra, venda e reforma de imóveis, começou 2020 como o 11º unicórnio brasileiro. Após 16 meses de operação, a empresa tornou-se a mais rápida da história do país e primeira construtech a alcançar o feito. Sim, são números para encher os olhos e o país de orgulho! Os empreendedores brasileiros já mostraram a que vieram.

Quantas vezes não temos a mínima noção do quanto impactamos as pessoas que nos ouvem, nos veem ou interagem conosco? Jamais se pode esquecer que somos aquilo que fazemos, não o que falamos. Ação é colocar em prática nossa essência. Que cada vez mais essa revolução silenciosa possa ganhar os holofotes e que possamos ter ainda mais motivos para comemorar nos próximos anos.

O que realmente vai diferenciar o empreendedor bem-sucedido dos outros nesse novo contexto de Era e economia não serão apenas as tecnologias que adota, ou seja, o capital financeiro que detém, mas o desejo de aprender todos os dias.

> *Jamais esqueça que mesmo sendo enormes, os dinossauros tombaram no passado. Nos dias atuais, empresas que têm comportamento paquidérmico, podem sim ser engolidas por unicórnios."*

Como entender o que é cultura de startup

No Capítulo 3 foi feita uma pequena introdução sobre o que seria essa tal cultura de startup. Agora, vamos aprofundar um pouco mais para mostrar que os números relacionados antes, bem como todos os resultados que são aguardados para os próximos anos, passam por essa mentalidade e forma de agir.

Enquanto para uns os movimentos são percebidos com clareza e sentido, para outros eles jamais serão compreendidos. Vivemos na Era do acesso, mas possuir algo apenas por possuir não faz mais sentido, em nenhum aspecto. Nascemos para fazer a diferença no planeta. Então por que milhões de pessoas são turistas no mundo? Caminham por ele sem tocar em nada, literalmente tirando fotos das experiências e sensações sem nunca deixar marca alguma. Por que viver de forma vazia se nossa existência é exponencial e única? Essência é algo inato e exclusivo. Descobrir a essência ajuda a entender o que se ama fazer.

Saber o que se ama é o primeiro passo para adotar a cultura de startup, afinal, como viver de forma exponencial, escalável e rentável, sem fazer e ser o que é essencial para você? A questão advinda da reflexão do que somos por essência é o que fazer com a potência quando, enfim, ela está descoberta, desvelada e podendo ser direcionada. Nesse ponto, faz todo sentido saber a jornada que percorrerá. Este é o propósito. Propósito é a essência descoberta conectada a uma jornada. Há, no entanto, uma questão fundamental nisso tudo: não somos ilha. Nesse aspecto é que a "cultura" de startup entra em cena. Somos exponenciais quando estamos juntos. Sozinhos caminhamos para o vazio ou retornamos à caverna.

A cultura de startup está para a nossa sociedade como uma forma disruptiva de envolver pessoas que, reveladas em suas essências, e com propósitos claros, buscam agregar e fazer a diferença no mundo, já que pautam suas ações na praticidade, velocidade, mas sem deixar de lado seus valores e crenças. Lembre-se: esqueça os rótulos, "caixas" e dê voz à essência, à vontade. Em uma cultura de startup, o propósito é respeitado, seja ele qual for, pelo simples fato de que os outros enxergam o que realmente cada um é.

Nossos olhos são condicionados há décadas de gerações a entender, compreender e julgar tudo a partir dos conhecimentos adquiridos e orientados. Vivemos por décadas a ditadura dos preconceitos. Julgamentos, leis e opressões que pouco construirão condições de nos libertar. A maior angústia desse processo foi ter forjado seres humanos que literalmente acreditaram que poderiam possuir tudo no mundo. Recursos, flora, fauna, mares, enfim, tudo. O que aconteceu? Veja a sua volta, pois é tanta destruição que fica difícil enxergar o homem como ser evoluído.

E no centro de toda evolução tecnológica, o homem precisa tomar as rédeas novamente. Quando tomamos consciência do que somos e da força que temos, podemos transformar tudo e a todos. Já sabemos o caminho que leva ao erro e com isso, não ser mais traído pelos nossos olhos é o mínimo que podemos fazer. Chegamos à Era do sentir, não mais apenas do ver. Antes de vivenciar algo, é necessário sentir o porquê do vivenciar.

A cultura de startup é um dos principais motivos de sucesso das empresas na atualidade. A partir de valores como inovação, produtividade e economia disseminados pela organização, é possível criar projetos exponenciais. Mas para criá-los, é preciso ver além do que os olhos mostram. Em mundo em que todos acreditam enxergar tudo, quem sente em vez de julgar ou ter preconceitos é rei! Para fazer a diferença no mundo em que a cultura de startup já se provou eficiente e válida, é necessário em primeiro lugar acordar. Olhe mais os intangíveis que dizem mais o que você é do que os tangíveis que podem esconder seu lado mais duro e infiel.

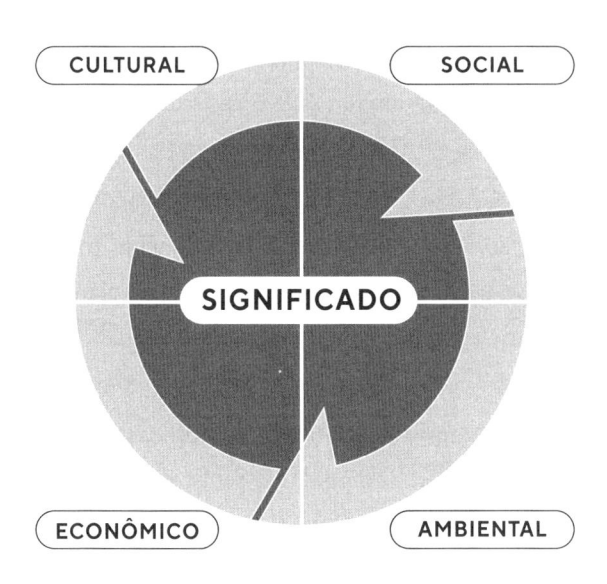

Vivenciamos um novo momento no qual pessoas estão mais atentas à proposta das organizações em relação ao seu papel no mercado e sociedade. É necessário atuar de maneira mais ampla e entregar mais do que resultados financeiros, é necessário gerar impactos culturais, sociais, ambientais e econômicos, e ainda, por meio do seu propósito, ter seu significado percebido e relevante para as pessoas.

> "Em uma cultura de startup, o propósito é respeitado, seja ele qual for, pelo simples fato de que os outros enxergam o que realmente cada um é."

Será que sabemos nos comunicar?

A comunicação humana, que antes era definida pela troca de informação entre duas pessoas reais, também tem se transformado. Cada vez menos as pessoas se encontram, apertam as mãos, trocam abraços e sorrisos sinceros. Mas será mesmo que um e-mail ou videochamada são capazes de substituir o bom e velho "olho no olho"?

Ao analisar ainda outro ponto de vista em relação à comunicação humana, você já parou para pensar quantas vezes está realmente focado onde deveria de estar? Já viveu a situação de achar que estava na reunião errada? Em meio a tantos compromissos e agendas lotadas, a comunicação está cada dia mais superficial, automática.

Note que quando deixamos de praticar a comunicação em sua essência, é o primeiro passo para a perda da humanidade. Sentir-se "perdido" ou deslocado é o passo seguinte. Não pense que se trata de otimização do tempo, organização ou disciplina. A reflexão aqui se dá justamente pela desconexão, dia após dia, da reflexão sobre a capacidade de fazer conexões e de manter relações sinceras, extra digital.

A comunicação pelos meios digitais fragmentou em pequenas porções o que chamávamos de comunicação. Talvez você já tenha escrito uma carta para um amigo ou parente algum dia. Lembre-se de que a partir dessa carta você tentou ser o mais completo possível na sua comunicação, relatando fatos, acontecimentos, opiniões, sentimentos e questionamentos. Ser completo era necessário, pois sua carta demoraria alguns dias para ser entregue, respondida e voltar às suas mãos. Todavia, a comunicação digital, principalmente pelas redes sociais e *instant messengers*, acelerou de forma incrível o processo e a nova dinâmica digital fez com que essa comunicação fosse cada vez mais breve, fragmentada e em grande parte dos casos, mais pobre. Esse empobrecimento da comunicação está custando muito caro para todos nós.

Uma frase exemplifica outra demanda urgente quando o assunto é comunicação. Ela diz: "Comunicação não é o que eu digo, comunicação é o que você entende." A partir dessa ótica, o comunicador precisa investir muita atenção para compreender o quanto a sua mensagem é compreendida pelo seu público e o quanto, a partir dessa comunicação emitida, o público se sente estimulado a trocar conhecimento com o comunicador e a engajar com todas as ações de comunicação. Assim, escuta ativa e trabalho imediato com a informação recebida faz parte do processo de comunicação.

Reuniões sem sentido — afinal todos estão no celular — são encontros marcados por aplicativos que apenas oferecem o conhecimento superficial do outro, uma vez que esses serviços privilegiam o físico em detrimento das conexões reais. Interações digitais mentirosas que levam a face mais infantil de nossa humanidade e por aí vai. Não à toa tem aumentado drasticamente o número de casos de pessoas que sofrem de depressão, fobias, neuroses ou ainda síndromes complexas. Quando se perde o contato com o outro, o cuidado sincero das relações ou ainda as referências emocionais, iniciamos uma trajetória complicada de desconexão com nossa natureza.

O distanciamento presencial ocasionado pela quarentena do novo coronavírus intensificou ainda mais essa problemática. Nunca em nossa história as relações foram tão virtuais, sejam elas pessoais ou profissionais.

Se antes da pandemia já podíamos dizer que vivíamos em uma geração de depressivos, imaginem o que está por vir em termos de transtornos mentais quando tudo isso estiver, pelo menos, equalizado.

Um grande diferencial do ser humano moderno é reconhecer sua humanidade e sua limitação. Não somos uma ilha e precisamos do outro. Nessa relação minha com o outro encontro minha verdade.

Tecnologia e o mundo digital

O mundo digital faz parte do cotidiano da maioria das pessoas no mundo, atualmente. Sendo que, a cada dia, aumentam a criação e uso de ferramentas digitais, que estão presentes em quase todos os ambientes do cotidiano das pessoas. Mais recentemente, com a utilização da rede mundial em smartphones, o seu uso está ao alcance das mãos em qualquer local. Em casa, no trabalho, na escola, no restaurante; ou seja, em quase todos os ambientes é possível conectar-se ao mundo digital. Mas é conhecido exatamente o impacto do uso massivo da rede mundial compartilhada na vida das pessoas? Se houver impactos, foram positivos ou negativos? Em tempos de facilidade e acesso a uma grande quantidade de informações por qualquer pessoa, faz-se necessária uma reflexão mais profunda sobre a questão. Mas quando exatamente o mundo deu o primeiro passo para o mundo digital interligado de hoje?

No que podemos chamar de sociedade da informação, as novas formas de pensar, de agir e de comunicar-se são introduzidas como hábitos corriqueiros, são inúmeras as formas de adquirir conhecimento, bem como também são diversas as ferramentas que propiciam essa aquisição. As escolas são, em geral, apontadas como uma das principais alternativas para formação e desenvolvimento de cidadãos, mas também é sabido que para preparar uma pessoa para que "cumpra" as exigências da sociedade moderna, é preciso ir além da formação convencional.

Isso porque como já mencionado anteriormente, hoje são outras as formas de compreender, de perceber, de sentir e de aprender, em que a afetividade, as relações, a imaginação e os valores não podem deixar de ser considerados. Na sociedade da informação aprende-se a reaprender, a conhecer, a comunicar-nos, a ensinar, a interagir, a integrar o humano e o tecnológico, a integrar o individual, o grupal e o social.

As tecnologias de informação e/ou comunicação possibilitam ao indivíduo ter acesso a milhares de informações e complexidades de contextos tanto próximos como distantes de sua realidade que, num processo educativo, pode servir como elemento de aprendizagem, como espaço de socialização, gerando saberes e conhecimentos científicos. Assim, a internet e a própria tecnologia devem ser utilizadas como uma ferramenta de auxílio rumo a democratização e construção de novos saberes e estímulos.

Cada dia nos deparamos com novas tecnologias, tendências e soluções que nos levam a estar cada vez mais conectados. Porém, a transformação digital não é um conceito para o futuro, mas algo pelo qual as empresas de hoje têm de dar o máximo de atenção para continuar vivas. Por isso, é preciso entender exatamente o que significa essa transformação, qual o seu impacto na sociedade e como aplicá-la nos processos de negócio. Transformação digital é um processo no qual as empresas se esforçam para compreender melhor seus colaboradores, sócios, parceiros, consumidores — atuais e futuros — e por conseguinte, provocam mudanças estruturais na forma de conviver com esses e outros stakeholders, fazendo, assim, uso da tecnologia para melhorar o desempenho, aumentar o alcance e garantir resultados melhores. É uma mudança estrutural nas organizações, dando um papel essencial para a tecnologia partindo de um novo entendimento e da construção de um novo mindset nos seres humanos que circundam o negócio.

E diferente do que muitos ainda pensam, nem todas as empresas já se deram conta disso e muito menos estão se movimentando. Entenda que esse conceito é muito mais amplo do que ter uma fanpage ou um blog corporativo.

Trata-se de uma mudança radical na estrutura das organizações, a partir da qual a tecnologia passa a ter um papel estratégico central e não apenas uma presença superficial.

E não é uma tarefa fácil ou um processo que uma vez implantado não precise de acompanhamento, muito pelo contrário. Leva tempo e consome recursos, mas não são só as grandes organizações que podem implantar programas de transformação digital, até porque isso não se resume a quem tem mais dinheiro. Antes, é preciso entender o processo todo que leva a essa mudança e trabalhar de forma colaborativa para alcançá-la. Isso, por si só, torna a transformação digital um desafio muito mais de gestão e liderança das pessoas do que apenas de marketing ou tecnologia. Entre os fatores que precisamos entender está o impacto desse tipo de mudança na sociedade de forma geral, o que nos leva ao próximo tópico.

Crie negócios alinhados com o novo mundo

Se você quer criar um negócio baseado em essência, valores e propósitos diferenciados, terá também que criar ações de vendas e marketing que sigam esses mesmos preceitos. Tudo baseado em honestidade, foco no cliente e desenvolvimento de valor.

Vamos começar pelo final da frase anterior, o desenvolvimento de valor. Só é capaz de desenvolver valor com o cliente as empresas que têm em sua filosofia — mais conhecida como cultura organizacional — a extrema entrega de valor para os clientes como centro das suas atividades. A questão é que muitas empresas dizem ter o cliente como centro no negócio, mas poucas delas realmente se apropriam dessa possibilidade. Ter o cliente no centro do negócio demanda muito mais que discurso, demanda uma entrega total e alinhamento de cultura organizacional para tal.

Para ficar mais claro, vamos adotar um olhar em relação às orientações corporativas das empresas da seguinte forma:

- **Empresas orientadas a produto** — normalmente são empresas nas quais os sócios e fundadores têm formação em áreas como engenharia ou desenvolvimento de software, por exemplo, mas podem ter origem em diversas formações ou orientações técnicas. Esses, muitas vezes, presos em pensamentos lineares, prezam pela qualidade do produto, por excelência de processos e questões que sempre levam a tentar fazer coisas perfeitas somente com as suas premissas, pois entendem que conhecem tão bem as necessidades dos clientes que podem prever sua inteira satisfação a partir do que oferecem. Você já deve estar lembrando aqui de um monte de indústrias que conhece, aquelas que passaram anos inundando o mercado com produtos que somente elas achavam importantes. Durante a Era industrial, como o mercado tinha menos opções de consumo como temos hoje, as pessoas compravam, também impactadas pelas campanhas de marketing do tipo "você precisa ter isso para ser feliz!!!". Você também vai lembrar de empresas de software que construíam "soluções perfeitas" para as demandas do mercado, baseadas na experiência de alguns clientes atendidos. Logo que chegavam ao "estado da arte" das suas soluções, começavam a vender seus sistemas para um público dizendo ter uma grande solução, mas logo quando se davam conta das necessidades específicas dos novos clientes, começavam jornadas intermináveis de customizações e adaptações, alongando imensamente o prazo e aumentando em muito o investimento exigido do cliente. Essas empresas baseadas em produto incorrem no problema de olhar muito para as suas perspectivas e processos, olhando pouco para as reais demandas críticas dos clientes, principalmente de forma proativa.

- **Empresas orientadas a finanças** — são empresas que normalmente além de sócios e fundadores do mercado financeiro, podem ter também uma gama de investidores ansiosos por ter o retorno sobre os seus investimentos, investimentos estes que em sua grande parte foram feitos sob promessas de negócios de grande lucratividade. Veja, é importante deixar claro que o lucro é fundamental para sobrevivência de qualquer negócio. Mas empresas que têm como principal orientação a obtenção de lucros, normalmente faz isso em detrimento a muitos outros valores importantes para uma empresa da nova economia. Você pode pensar que somente empresas do mercado financeiro têm comportamento de lucro acima de tudo, isso não está somente relacionado à elas. Existe uma gama de outras empresas que também têm como principal compromisso o lucro. Normalmente são empresas nas quais a redução de custos extrema é realizada em detrimento da satisfação do cliente e principalmente em relação à qualidade da situação de trabalho dos seus colaboradores, que oprimidos e estressados, trabalham para ter seus salários no final do mês e não para prosperar com a empresa, já que a prosperidade se limita aos altos ganhos dos sócios e investidores. São empresas que buscam modelos de negócios altamente rentáveis, mas que não utilizam essa rentabilidade para retornar investimentos à própria empresa e, por isso, sofrem por perder representatividade, perdem renovação de clientes e correrem o risco de ter seu negócio definhando quando outros players do item a seguir começam a disputar o seu mercado. Seus clientes são reconhecidos por reclamarem constantemente do tratamento recebido pelas empresas. Eles, no momento em que exigem seus direitos, ou no mínimo quando procuram apoio de garantias de produtos e serviços quando algo dá errado, não são tratados com o respeito e dedicação que deveriam ser dispensados a eles na posição de clientes. Sentem-se insatisfeitos com os produtos, serviços e soluções adquiridas e adorariam trocar de fornecedor assim que possível. Muitas vezes essas empresas se posicionam em monopólios de mercado exigindo que os clientes comprem somente delas, da forma que elas querem. Triste isso, não?

- **Empresas orientadas ao cliente** — Agora sim chegamos no modelo de empresa que está mais adequada ao que os consumidores pedem hoje, pois são empresas que colocam o cliente no centro dos negócios, tendo-os como sua direção. A busca dessa empresa é por proporcionar grande experiência para eles, o que pode acontecer por resolver de forma inovadora os problemas críticos dos seus clientes, também por promover a transformação em suas vidas, proporcionando que sua relação com o mundo seja completamente diferente. Por fim, até mesmo renovar as esperanças dos clientes fazendo com que voltem a sonhar em viver uma vida pessoal ou corporativa nova e promissora. Nossos negócios serão conhecidos pelo tamanho: dos problemas que resolvemos; das transformações que provocamos; das experiências que proporcionamos; e das esperanças que renovamos. Acreditamos que somente empresas que atendem um pouco (pelo menos) de cada um dos itens acima conseguem realmente prosperar em um mundo de transformações às quais clientes, pessoais e corporativos; empoderados de informação; e ávidos por novas oportunidades, procuram. O conceito de empresas orientadas ao cliente vem sendo apresentado neste livro desde o começo, mas para dar mais contorno ainda à questão, podemos dizer que essas empresas criam embaixadores da marca, consumidores cujas vidas foram e são impactadas pelo valor entregue. E na posição de embaixadores, são consumidores fiéis e **indicadores intensos**, formando comunidades de consumo dessa empresa e proporcionando um círculo virtuoso de crescimento empresarial.

> *Nossos negócios serão conhecidos pelo tamanho: dos problemas que resolvemos; das transformações que provocamos; das experiências que proporcionamos; e das esperanças que renovamos."*

Cultura da inovação a partir das empresas orientadas ao cliente.

Quando nos interessamos pelos problemas dos nossos clientes, naturalmente eles se interessarão pela nossa empresa.

- **Inicie pelo propósito:** qual é a causa e diferença que fará na vida das pessoas.
- **Invista em pessoas:** seus colaboradores precisam saber para que serve o que está fazendo, já que eles são fios condutores para seu propósito chegar ao cliente.
- **Produza inovação:** proporcione ambientes propícios a ideias novas em ação, mas lembre-se: inovação é feita por pessoas que facilitam a materialização do propósito para que seja relevante ao seu cliente.

- **Utilize tecnologia:** busque novas tecnologias, elas são o meio de levar seu propósito para mais pessoas.
- **Comunique-se:** conte de maneira eficiente, transparente e objetiva todo o valor a ser entregue para o cliente e como você pode ajudá-lo.
- **Cliente:** ele está em todo lugar, offline e online. Seja *omnichannel* e crie conexões contínuas. Forme comunidades de embaixadores da sua marca.

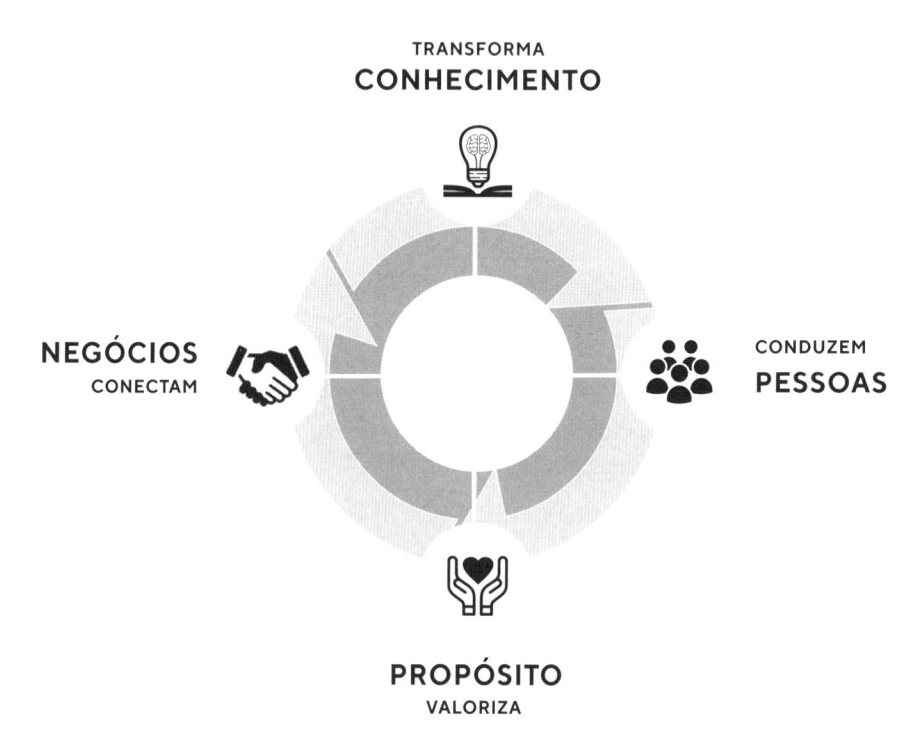

TRANSFORMA
CONHECIMENTO

NEGÓCIOS
CONECTAM

CONDUZEM
PESSOAS

PROPÓSITO
VALORIZA

GRÁFICO: *Processo da empresa que coloca as pessoas no centro do desafio: prezam por compartilhar e transmitir conhecimento para seus colaboradores, que após serem engajados e capacitados conduzem o propósito que é difundido por todos e fazem dos projetos negócios mais relevantes que se conectam aos seus clientes, transformando-os em embaixadores da sua marca.*

Somente falar sobre embaixadores de uma marca já seria suficiente para encher um livro inteiro! Quando falamos em movimentos sociais que amparam o crescimento das empresas da nova economia, entendemos a importância da criação de comunidades acerca de temas, valores, filosofias; e conectados a essas questões estão os produtos, serviços e soluções. Perceba que vivemos imersos em grupos de embaixadores de marcas como Uber, Netflix, Nubank, Apple, CCXP, entre outros tantos. O que você e sua empresa fazem da vida gera embaixadores da sua marca?

Voltando à lida comercial, podemos dizer que vendedores sofrem do estigma de serem os "chatos que vão me forçar a comprar aquilo que eu sei que não preciso". E olhando para os itens anteriores, fica fácil entender o porquê grande parte deles passa por isso: são forçados a vender produtos e serviços de empresas que não estão interessados em atender profundamente os clientes.

Do outro lado, mas não tão do lado assim, o marketing é encarado pelo grande público como a ação de enganar os consumidores para que eles vejam — na comunicação — muito mais do que receberão quando decidirem comprar os produtos e serviços. Mais uma vez, quando empresas não estão interessadas em entregar extremo valor aos clientes, cabe ao surrado marketing fazer "das tripas coração" para dizer que uma coisa é o que na verdade não é.

Veja, não queremos aqui nos posicionar como protetores dos vendedores e marqueteiros desamparados, ok? Sabemos que muitas vezes esses profissionais se colocam nas posições nas quais estão ou mesmo que — infelizmente — uma boa parte deles não esteja mesmo interessada em agregar valor aos seus clientes, continuam a tocar suas vidas, ganhar seu dinheiro e ir para casa com suas consciências anestesiadas.

A questão é que se você deseja criar um negócio para a nova economia ou transformar sua empresa em uma empresa para esse novo mercado, deverá criar uma completa cadeia de construção e entrega de valores aos seus clientes, bem como conectar a vendas e marketing toda a essência e propósito discutidos neste livro, mas com o compromisso de gerar grandes resultados para você, sua empresa e para a comunidade.

Agora sim! Colocadas as primeiras questões, vamos falar um pouco adiante sobre três grandes áreas dessa estrutura: vendas, marketing e experimentações.

parte 3
CONHECIMENTO APLICADO E ORGANIZAÇÕES EXPONENCIAIS

5
O QUE É DESIGN PARA VOCÊ?

Experimente digitar a palavra "design" no Google e veja o número de resultados: tende ao infinito. Mas como interpretar os resultados e de fato compreender a cultura do design, uma abordagem que antes era restrita à estética e utilizada principalmente no desenho dos produtos, mas que agora inspira a cultura organizacional como estratégia? — Partindo do ponto que é uma nova abordagem diante de problemas complexos dessa mudança de Era e das rápidas transformações que vivemos.

É isso mesmo: o design tornou-se essencial para a estratégia e inovação da cultura organizacional, seja para o empreendedor, intraempreendedor, startups, grandes ou pequenas empresas. A evolução do design começou a ficar aparente e evidente após grandes empresas e marcas declararem que o design estava por trás da estratégia e do sucesso de muitos produtos e serviços. E assim, muitas organizações começam a introduzi-lo para diversos contextos e setores. Vejamos (figura a seguir) a evolução do design e sua contribuição para as empresas aqui no Brasil.

EFICIÊNCIA – FAZER AS COISAS CERTAS | FAZER AS COISAS MELHORES | FAZER MELHORES COISAS | PRODUZIR VALORES
PRODUÇÃO — QUALIDADE — EXPERIÊNCIA

1980   1990   2000   2010   2020

PRODUTO → QUALIDADE → MARCA → SERVIÇOS → CAUSAS →
FORMA / FUNÇÃO   INTERNET   REDES SOCIAIS   EXPERIÊNCIA   VALORES
                 ABERTURA DE MERCADO   DESIGN THINKING

TANGÍVEL ————————————————→ INTANGÍVEL

ATRIBUTOS RACIONAIS | BENEFÍCIOS RACIONAIS | BENEFÍCIOS EMOCIONAIS | VALORES EMOCIONAIS | EXPERIÊNCIAS | PROPÓSITO

Década de 1980: as organizações privilegiavam o produto e sua função, já que éramos atraídos pela forma e sua performance e com isso, o designer atuava como um braço da engenharia. Naquela época, vendíamos e expressamos nas mensagens publicitárias os atributos racionais. A concorrência era pequena.

Década de 1990: destaque para a qualidade como diferenciação no ponto de venda, além é claro, da estética. Organizações introduziram vários programas de qualidade e tivemos a internet e a abertura de mercado, dois eventos que evidenciaram um posicionamento mais forte do design nas empresas. Então, era preciso um produto com mais destaque no ponto de venda e estávamos abertos ao mundo. Nesse momento as mensagens publicitárias vendiam os benefícios funcionais.

Anos 2000: em muitas empresas o design migra da engenharia para a direção de marketing, a evolução do mundo digital e das redes sociais traz um novo perfil de consumidor, marcas precisavam de um novo posicionamento e o design se conecta ao branding. Em meados dessa década, no Brasil, aparece o Design Thinking, proporcionando uma nova visão de projeto: deixar de ver as pessoas como consumidores e conviver com os usuários, criar coisas para as pessoas, pois passamos a criar com as pessoas. Com isso, era evidente nas mensagens publicitárias os benefícios emocionais.

Década de 2010: definitivamente o design se posiciona como cultura de inovação e estratégia nas organizações, com discurso, linguagem e ferramentas próprios. O projeto agora é centrado no usuário, aliás de quem vieram as grandes inovações e novos modelos de negócio da nova economia. O Design Thinking e o Design de Serviços estabelecem interações com toda a jornada do usuário, em cada momento e situação do seu relacionamento com o produto ou serviço e as interpretações dos problemas que configuram essa nova Era que, na maioria das vezes, são mal definidas. Essa interação com o usuário nos mostra as evidências do grau de satisfação ou insatisfação do usuário.

Enfim chegamos aos valores emocionais. E agora? Onde estamos? Como nos posicionamos perante essa Nova Era? Entramos na economia da experiência. Saímos de um mundo tangível para um mundo intangível, da aparência para a essência.

Ano de 2020: design como máquina de produzir valores e inspirar. Com as mudanças e os impactos proporcionados pela Covid-19, observou-se movimentos interessantes nos negócios e mercado a partir de comportamentos emergentes dessa crise que são pautados por uma dualidade entre opostos, ou seja, ora continuaremos e retornaremos ao modo seguro de como sempre estivemos, ora adotaremos as mudanças, ao novo.

Quanto às previsões: ficará cada vez mais difícil olhar para cenários, sejam eles econômicos; políticos; sociais; e empresariais, na previsão de ações assertivas. Até então o que existia era uma certa previsibilidade em um mundo menos conectado e essa previsibilidade chamávamos de "normalidade". Com nossa rotina confiscada e nossa volatilidade escancarada, mais do que novas habilidades e recursos, precisamos preparar nossa mentalidade, planejar menos sobre previsões e experimentar mais sobre nossas intuições e interpretação de problemas.

Compreender essas mudanças que migram **do mundo das coisas para o mundo das causas** exige cada vez mais das empresas um propósito, uma causa e que seja relevante e percebida pelas pessoas. Outro ponto importante é colocar o Design bem mais próximo do coração da empresa. Uma empresa com a cultura centrada no Design vai muito além de uma função, pois se trata de um instrumento essencial para ajudar a simplificar e humanizar os processos, isto é, o fio condutor para materializar o propósito. Não devemos utilizá-lo como algo extra, mas como uma competência imprescindível. O Design tem um conjunto de concepções estratégicas que pode ajudar você a ter ideias que servem para a vida.

As mudanças de décadas, promovidas pelo avanço da tecnologia, transformação digital e a crise instalada pela Covid-19 nos apresentou uma nova realidade, um caminho sem volta. Veremos, ano após ano, tudo ser digitalizado e novos modelos de negócios que surgirão a partir dessa ruptura. Estar atento a isso tudo é vital para você empreendedor ou intraempreendedor.

O fundamental é nunca esquecermos as raízes, a base, o básico de onde tudo partiu, como sua essência e causa. Ser uma máquina de produzir valores, mesmo para quem não compra de você.

> *Nessa nova economia, as pessoas querem experiências do que as coisas proporcionam. Nosso cliente não quer apenas ser bem atendido, quer ter atenção e ser surpreendido."*

Cultura de inovação a partir do design

Quando falamos de design, estamos falando da importância de inserir uma cultura inovadora na sua organização que conecta pessoas aos negócios. E como iniciar essa cultura, fazendo com que ela faça parte no dia a dia da sua empresa?

Estabeleça conexões entre os departamentos que pensam e os que fazem. O design pode ser o elo entre a inteligência e planejamento com a operação e execução, colocando o usuário no centro do desafio, e por meio da empatia, levar em conta fatores humanos, nossos desejos e nossa imperfeição, conectá-los com mais afeto. Essa cultura do design mescla de forma fluída as intenções dos nossos CEOs com o conhecimento e a experiência dos funcionários e usuários. A partir desse alinhamento, as evidências sobre os problemas e oportunidades ficam mais visíveis, e assim, é possível administrar melhor a cultura organizacional existente em torno do propósito e das promessas afetivas e de utilidades. E por meio da autenticidade desse processo, proporciona a atração dos colaboradores para mais perto dos valores e causa.

As atitudes dos colaboradores e funcionários podem criar ou destruir seu negócio; como fazer com que todos caminhem na mesma direção e como liderar os elementos críticos da vida organizacional e se posicionar perante o mundo VUCA (Vulnerável, Imprevisível, Complexo e Ambíguo)? Os desafios são gigantes, pois não vivemos apenas uma "Era de mudanças", mas estamos vivenciando uma "mudança de Era". Vivemos uma era de acelerações, em que empresas têm que se transformar, e para isso, é preciso líderes que façam as transformações acontecerem, já que deve-se provocar uma mudança cultural nas organizações.

Primeiro: entenda a diferença de estratégia e cultura. A estratégia oferece uma lógica formal para as metas da empresa e orienta as pessoas em torno delas. A cultura expressa metas por meio de valores e crenças e guia a atividade por meio de premissas e normas compartilhadas pelo grupo. A cultura molda as atitudes e os comportamentos e você precisa pensar em como sua organização funciona atualmente.

Para entender a cultura atual da empresa, é preciso determinar onde ela se situa entre esses dois eixos. Comece perguntando sobre qual é o perfil cultural da sua organização:

- **O que** é valorizado, como as pessoas se comportam e o que as une?
- **Onde** elas se situam referente ao estilo de cultura, ou seja, como as pessoas interagem entre elas, são independentes ou interdependentes?
- **Como** as pessoas respondem à mudança, preferem a estabilidade ou a flexibilidade?

Metamorfose Empreendedora, os 4E's do SER

```
                    FLEXIBILIDADE
                          ↑
      ┌─────────┐         │        ┌──────────┐
      │  PRAZER │         │        │ACOLHIMENTO│
      │APRENDIZADO│       │        │ PROPÓSITO │
      └─────────┘         │        └──────────┘
                          │
  ←─────────────────── (●●●) ──────────────────→
  INDEPENDÊNCIA                        INTERDEPENDÊNCIA
  Como as pessoas interagem
                          │
      ┌──────────┐        │        ┌─────────┐
      │RESULTADOS│        │        │  ORDEM  │
      │AUTORIDADE│        │        │SEGURANÇA│
      └──────────┘        │        └─────────┘
                          │
                   ESTABILIDADE
              Como as pessoas respondem à mudança
                          ↓
```

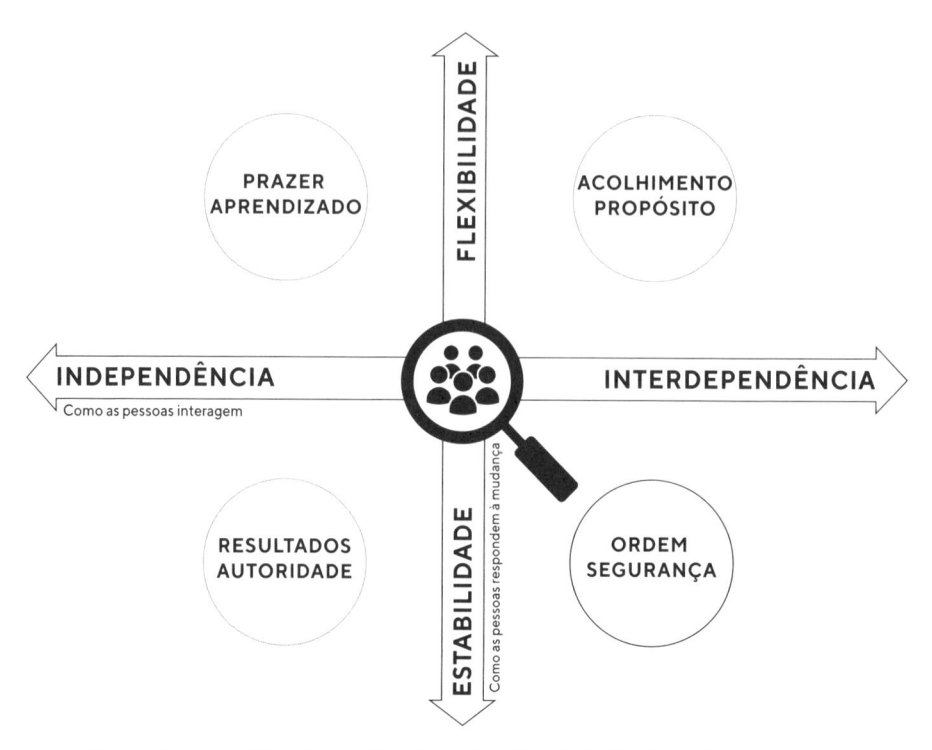

REFERÊNCIA: **Harvard Business Review Brasil** — *Edição 96 — fevereiro de 2018*

Outro ponto importante é entender as declarações do líder; os executivos e fundadores expressam sentimentos que fornecem pistas importantes de como conduzem a organização e cultura organizacional. O estilo de cultura se apresenta por diversas características como apresentadas na figura acima, sendo elas: de acolhimento, por propósito; de aprendizado, por prazer; de resultados, por autoridade; de segurança ou de ordem.

Por meio da cultura do Design Thinking, é possível alinhar a realidade à dinâmica social da empresa, entendendo sobre quais características ela se apoia, modelando o impacto da cultura no negócio e avaliando seu alinhamento com a estratégia. Isso estimula o propósito comum, uma vez que quanto mais convergente, mais os valores são percebidos e relevantes.

Suas metas estão alinhadas com a direção estratégica? Uma boa meta deve ser específica e atingível, se não pode criar ambiguidade e levar à escolhas inconsistentes.

Não importa só o que sua empresa vende ou produz. O que você precisa é saber é produzir transformação. A cultura do design inspira e motiva as pessoas a gostar de resolver problemas e a enfrentar os fatos e o desconhecido.

Inovação: a arte do novo com design e tecnologia

Falar hoje de inovação significa muito mais do que entregar novos produtos e serviços. Inovar em tecnologia, mercado, processo ou modelo negócio é dar sentido ao projeto e propósito ao empreendimento realizado. É a ideia nova em ação com relevância e sempre apoiada na validação dada pelas pessoas. Dar ao negócio a arte de criar um papel relevante na vida das pessoas que, até pouco tempo atrás, pertencia quase exclusivamente à tecnologia.

Design, arte e tecnologia são termos bastante usados e discutidos atualmente por profissionais e acadêmicos de diferentes áreas: design; marketing; projeto; engenharia; comunicação; moda; arquitetura, entre outras áreas que exploram seus conhecimentos aplicados ao desenvolvimento e conceituação de um produto ou serviço. Muito se questiona nas universidades, artigos, publicações, blogs e livros, a diferença entre essas três áreas e sobre como e onde começam e terminam os limites, os significados, as semelhanças e a importância de cada uma no desenvolvimento de um negócio, produto ou serviço.

Não há dúvidas que a utilização e o conhecimento dessas três ferramentas são fundamentais para que a inovação aconteça com sucesso e que seja desejável pelas pessoas, ou seja, possível para a empresa e viável aos negócios. É fundamental entender e discutir as divergências e convergências entre design, arte e tecnologia e como aplicar cada um deles no processo e desenvolvimento de produtos ou serviços em busca da inovação, com propósito e essência.

O conceito de arte adotado nos negócios tem seu significado fundamentado em criatividade e inspiração. Já o design e tecnologia como sinônimos de inovação. Traduzindo as três áreas ou conceitos, podemos dizer que:

- **Design** é o que integra arte e tecnologia em inovação. É a disciplina que une planejamento a execução com empatia e transforma as ideias em coisas tangíveis, práticas e atrativas para usuários e consumidores. Design pode ser definido como a criatividade aplicada com foco em uma determinada intenção.
- **Arte** como criatividade e inspiração estimula e gera novas ideias, ou novas formas de olhar os fatos, ou até mesmo a identificação de novas oportunidades, algumas vezes através da exploração de novas tecnologias, outras vezes por mudanças sociais ocorridas no mercado.
- **Tecnologia** é a exploração bem-sucedida de novas ideias em busca de meios e desenvolvimento de novas técnicas e materiais. É o processo que conduz a geração de novos produtos, serviços e novas formas de gerenciamento de negócio.

Utilizando esses critérios para o desenvolvimento de um produto, por exemplo, podemos afirmar que a arte e criatividade ou inspiração e geração de ideias, de maneira isolada, não é suficiente. Arte, criatividade, inspiração e provocação são essenciais, mas é somente o primeiro passo para a inovação. Por conseguinte, é preciso também implantar e materializar, ou seja, colocar as ideias em prática e para isso, uma empresa precisa de processos, procedimentos e estruturas que permitam uma execução viável tanto econômica quanto produtiva. Para essa finalidade, necessita-se da tecnologia associada ao design, à arte e ao propósito. Se por um lado, um dos principais vetores para a transformação é a tecnologia, por outro, na essência das mudanças estão as pessoas.

Com o avanço, onipresença e a importância da tecnologia na atual sociedade, muitos entendem que ela é o fator decisivo para o sucesso ou fracasso dos processos de transformação e inovação, mas não é bem assim. A tecnologia é o meio para a transformação e não a transformação em si. Ela diz respeito à capacidade que o ser humano tem de modelar novas soluções para a empresa e sociedade, tão necessárias em um mundo em constante movimento. Esse sucesso no processo de inovação e adaptação ao novo não está apenas relacionado e exclusivo à tecnologia. O sucesso está relacionando a maneira como as pessoas encaram e validam essas mudanças.

E quando se coloca as pessoas no centro do desafio, o design é a disciplina capaz de identificar, criar e gerar valores associados às necessidades por parte do consumidor/mercado e transformá-lo em produtos e serviços relevantes e praticáveis. É o elo capaz de traduzir arte e tecnologia em inovação.

Ou seja, é possível resumir os conceitos na seguinte fórmula:

Inovação = provocação + arte (criatividade) + design + tecnologia + propósito

A competitividade da Era industrial é reconhecida por sua eficiência, produtividade e qualidade na produção, fabricação e operação de um produto ou serviço, em que muito desse avanço promovido pela tecnologia foi muitas vezes o vetor mais importante e sempre essencial para que essa vantagem competitiva acontecesse. Com a mudança de era, do industrial para o digital, promovido pela revolução de serviços e da produção informacional, o avanço tecnológico continua sendo um fator muito importante, mas não o único. Um vetor significativo nessa nova era é colocar o propósito no centro da estratégia, para que as pessoas saibam para que serve aquilo que estão fazendo ou adquirindo. Esse é o segredo atual das empresas bem-sucedidas, que percebem a sua vantagem competitiva quando ela está apoiada em seu propósito, conseguindo transmitir mais significado ao cliente ou usuário, mais do que somente entregar um produto ou serviço que garanta sua funcionalidade e qualidade é preciso dar mais sentido a sua compra ou utilização, hoje é um fator diferencial e decisivo.

Atualmente, as transformações que presenciamos nos negócios comprovam que os investimentos em inovação que geram mais significados na vida das pessoas surpreendem o mercado, ditam novas tendências e melhoram a competitividade. E o design é apresentado como uma ferramenta estratégica para alcançar a inovação e mesmo com as diversas interpretações e modismos, é exposto como fator decisivo na busca pela diferenciação.

As análises da inter-relação entre os diversos aspectos do desenvolvimento de produtos, serviços ou negócios, como: planejamento, estratégia, marketing, vendas, qualidade e produção, demonstram que o design contribui para as decisões utilizando da arte como soluções criativas e da tecnologia como soluções funcionais. Trata-se, assim, de uma ferramenta utilizada para a inovação e para a tomada de decisões estratégicas das empresas ou organizações e, portanto, desenvolve-se de forma multidisciplinar, com o trabalho de todas as áreas integradas.

Veja na figura a seguir as informações necessárias que o design utiliza como fonte de conhecimento do início ao fim de um projeto em execução, assim como a maneira e forma de pensar que costumeiramente cada departamento exerce na empresa e a importância dos diferentes pontos de vista e raciocínios empregados para o entendimento de um projeto. As áreas de vendas; marketing; engenharia; entre outras, analisam e pensam de maneira organizada, estruturada e racional, ou seja, entendem os números e pesquisas por resultados mensuráveis e tangíveis, diferentemente das áreas de design e arte, que pensam de forma livre e interpretam os resultados com uma dose maior de emoção e empatia.

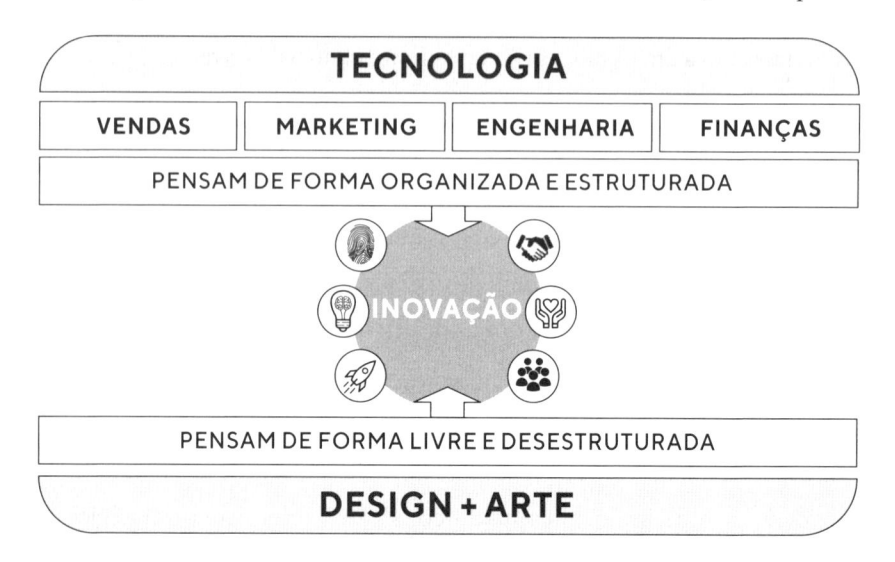

TECNOLOGIA			
VENDAS	MARKETING	ENGENHARIA	FINANÇAS
PENSAM DE FORMA ORGANIZADA E ESTRUTURADA			

INOVAÇÃO

PENSAM DE FORMA LIVRE E DESESTRUTURADA

DESIGN + ARTE

Assim, a inovação está cada vez mais centrada no profundo entendimento de cada departamento envolvido no projeto, que em outras palavras significa aderir o conceito de *open innovation* — inovação aberta — e isso amplia a visão e o conceito de transdisciplinaridade para a criatividade que são guiadas por valores racionais e emocionais.

Os termos inovação, tecnologia e design superpõem-se parcialmente — muito embora não tenham a mesma definição — mas quando atrelados a um produto e serviço, visto pelo usuário, esses termos são entendidos como sinônimos. Design centrado no usuário refere-se a um tipo especial de ação inovadora, que cuida das preocupações, necessidades e desejos das pessoas. Design sem componente inovador é, obviamente uma contradição. Porém, ação inovadora que produz algo novo não é condição suficiente para caracterizar apenas ao design.

Essa cultura do design mescla de forma fluída as intenções de uma organização com o conhecimento e a experiência dos colaboradores e stakeholders, alinhados às necessidades do usuário.

> "
> *A tecnologia pode ser cara e para poucos, mas a criatividade é barata e para todos."*

Design de serviço

Ampliar e melhorar a capacidade de inovar e implantar essa cultura nas empresas é uma questão de urgência para atingir mais competitividade e diferenciação em um mercado disruptivo e veloz, que, por sua vez, está saturado por marcas, produtos e serviços. Assim, o entendimento nas relações racionais e emocionais entre negócios, clientes e usuários validam nossas promessas de utilidade e afeto correspondente à nossa proposta de valor desejada.

Contudo, isso exige um trabalho na organização que seja criteriosa na implantação e utilização de ferramentas, com foco no ser humano e suas relações, pois os gestores também não podem esperar "vitórias rápidas". Entre as ferramentas mais eficientes para a interpretação e experiência do usuário, destaca-se o *Design de serviços*, uma nova abordagem para identificar problemas e transformá-los em oportunidades de mercado, que por meio de uma visualização e mapeamento sistêmico dos serviços prestados, interpreta e traduz a interação e significados na experiência final percebida pelo cliente/usuário construindo uma proposta de valor relevante e serviços satisfatórios.

Serviços são problemas complexos e podem variar dependendo do momento em que ocorrem, do comportamento e perfil das pessoas que estão envolvidas, dos seus procedimentos no momento de utilização, do conhecimento sobre o assunto, estado emocional etc. Isso realmente é um emaranhado de variáveis que precisam ser entendidas, mapeadas, analisadas e bem orquestradas.

Observar as pessoas utilizando um serviço e interpretar o que se passa em suas mentes nesse momento e situação é uma tarefa muito complexa. Para isso, o *Design de serviços* faz uma abordagem multidisciplinar que busca aperfeiçoar a experiência dos clientes, assim como a qualidade dos serviços prestados. É fundamental perceber o que é relevante e importante para o usuário em todo o momento de seu contato com o serviço e qual o significado desse serviço para ele.

Na prática, um produto vai muito além do produto em si. Por conta disso, as organizações precisam desenvolver um novo modelo mental, de forma que possam mudar a lógica de produtos para serviços. Em vez de pensar apenas em como lucrar mais ou reduzir custos, é fundamental pensar em como aperfeiçoar o relacionamento com os clientes.

Quando pensamos simplesmente em produtos, menosprezamos os sujeitos envolvidos e projetamos apenas melhorias incrementais que podem não aprimorar a experiência dos clientes. Compreender isso é o ponto de partida para entender o que é o design de serviço e a sua importância para as organizações.

Com a mudança de Era e na qual os bens intangíveis são mais valorizados, não escassos e renováveis, portanto, são infinitos. Nossa principal matéria-prima hoje é a criatividade, o conhecimento e a cultura. Da xícara ao smartphone, o valor sempre esteve no serviço e nas experiências significativas.

Note que no geral, as empresas focam mais estudar atributos presentes nos concorrentes e tentar superá-los em seus próximos lançamentos do que param para pensar e refletir sobre novos caminhos, de encontrar o vazio, a verdade, o afeto e entender sua essência e a relevância no relacionamento com o consumidor/usuário.

Até pouco tempo atrás, o tempo de duração da bateria de um celular era o fator-chave de diferenciação neste mercado. Então, as pessoas falavam umas para as outras: "Esse celular que eu comprei é ótimo, a bateria dura 4 dias!" Pois então, a Apple encerrou esse assunto em definitivo com o lançamento do iPhone. Resultado: sim, a bateria dura somente um dia. Sim, você vai ter que cuidar dele como se fosse um bicho de estimação, alimentando-o todas as noites. Mas ao ter um, você não conseguirá se livrar mais dele. O iPhone pulou fora da guerra de atributos e entendeu o vazio, a relação de afeto entre produto, serviço e consumidor.

Explorar, observar e investigar a jornada do usuário/consumidor, entender profundamente os modelos de negócio vigentes, ampliar o mapa mental por meio de conexões e colaboração é a arte de criar *com* as pessoas e não *para* as pessoas. Isso é essencial para o desenho de novas e melhores propostas de serviços.

O design tem como propósito conhecer e entender o usuário de tal forma que lhe permita ajustar o produto ou serviço às suas necessidades e problemas para que este se encante e realize o ato com conveniência e satisfação.

Design de Serviços, por definição, estuda as interações entre todas as pessoas envolvidas no serviço, e não apenas o consumidor/usuário. Além disso, interage com todos os processos, espaços, dispositivos nos quais esse serviço acontece e da experiência que a empresa deseja que os usuários tenham. Está ligado também à funcionalidade e a forma dos serviços a partir da perspectiva do usuário, com o objetivo de "assegurar que as interfaces dos serviços sejam úteis, usáveis e desejáveis sob o ponto de vista dos clientes e eficazes e eficientes e distintos sob o ponto de vista do prestador".

Para manter uma conexão contínua com o cliente e estabelecer um relacionamento satisfatório, é importante entender todos os momentos e situações de envolvimento do usuário com o serviço. O mapa de jornada de usuário é uma das ferramentas que ajuda nesse diagnóstico e permite uma interpretação mais eficaz das expectativas e percepções do usuário em cada momento e situação de envolvimento com o serviço, por meio das atividades realizadas, pontos de contato, incômodos e, por fim, o mapa emocional relativo à experiência desse momento específico.

Com a jornada completa e seu entendimento para cada momento ou situação vivida pelo usuário, conseguimos observar o mapa das experiências e o grau de satisfação e insatisfação do usuário, o que nos permite identificar com mais clareza onde existem falhas na interação (comunicação, relacionamento, execução, entre outras) e assim, definir quais são os elementos de valores e seus respectivos motivadores de interação na solução de algum problema ou necessidade não atendida.

Mapa de jornada do usuário

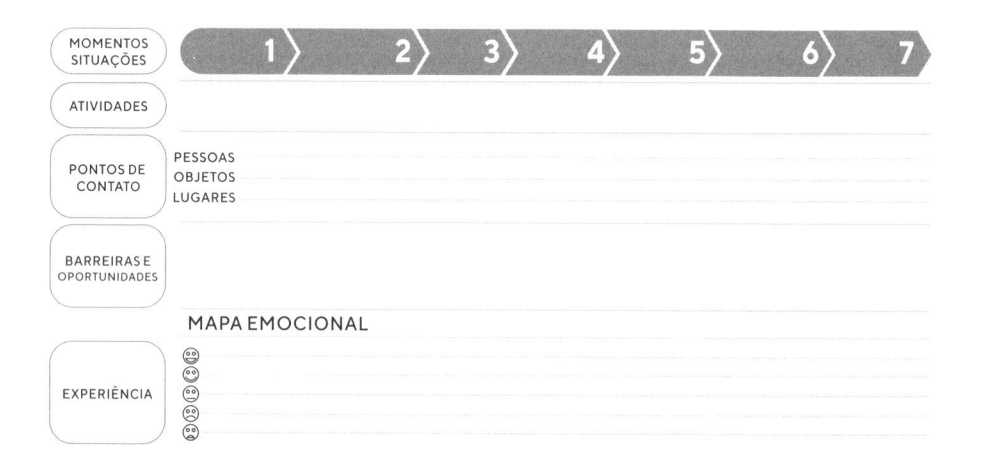

MOMENTOS SITUAÇÕES	1	2	3	4	5	6	7
ATIVIDADES							
PONTOS DE CONTATO	PESSOAS / OBJETOS / LUGARES						
BARREIRAS E OPORTUNIDADES							
EXPERIÊNCIA	MAPA EMOCIONAL						

> *Toda experiência vivida é uma matéria bruta que o cérebro pode lapidar e criar."*

O mapa torna visíveis três coisas muito importantes:

Entender o antes, durante e depois do contato entre o usuário e o serviço/produto.

RECONHECIMENTO → SOLICITAÇÃO → RESPOSTA
NECESSIDADE — IDENTIFICA O PRODUTO E SERVIÇO — VIVENCIA A ENTREGA

Com o mapa de jornada do usuário, é possível saber o que o ele está pensando, sentindo e como seu comportamento na rotina de consumo de um determinado produto ou serviço pode encontrar falhas no processo, pontos para melhoria e até oportunidades de criar algo que atenda à necessidade em uma etapa específica.

Os pilares do design de serviços

- **Centrado no usuário.** Todos nós somos consumidores, porém com diferentes necessidades e modos de pensar. É no processo de entender e revelar os diferentes pontos de vista que o design de serviços começa.
- **Cocriativo.** Todos stakeholders devem ser incluídos no processo. Designers de serviço constroem conscientemente um ambiente que facilita a geração de ideias e a fluidez entre grupos heterogêneos de pessoas. Quanto mais um cliente é envolvido no processo de construção de um serviço, maior a probabilidade de aumento na lealdade ao serviço e no relacionamento de longo prazo.
- **Sequencial.** O serviço deve ser visualizado como uma sequência de ações inter-relacionadas. Tente pensar no serviço como um filme: contém uma

série de fotografias estáticas, que combinadas formam uma sequência animada. Todo serviço segue etapas de transição, desde o período pré-serviço, durante o serviço e a etapa posterior ao serviço. Esses momentos devem ser orquestrados para alcançar um ritmo agradável para o cliente.

- **Evidente.** Serviços intangíveis são visualizados através de artefatos tangíveis. Qualquer artefato, seja um item físico como um brinde ou até mesmo um sorriso de um funcionário, ativa uma memória positiva do serviço, e com isso, uma associação emocional. Boas evidências prolongam essas sensações nos clientes e isso é uma ótima maneira de seu serviço ser recomendado a outras pessoas.

- **Holístico.** Todo o ambiente do serviço deve ser considerado. Os clientes percebem os serviços com todos os sentidos: eles veem, escutam, sentem o cheiro e gosto e tocam todas as manifestações do serviço. Por mais difícil que seja, considerar um contexto mais amplo fará com que seus clientes percebam o ambiente do serviço de forma subconsciente, o que provoca um grande impacto na experiência.

Transformações: a evolução do Design Thinking

A abordagem do design, antes restrita a estética — forma e função — e utilizada principalmente no desenho de produtos, agora desperta nas organizações a curiosidade e interesse de entender como o design pode proporcionar inovação na cultura organizacional por meio do Design Thinking, uma nova abordagem aos problemas complexos da mudança de Era e das rápidas transformações, uma estratégia essencial para produzir inovação e revolução na educação executiva e empreendedora e principalmente na mudança do mindset, em que as perguntas são mais importantes que as respostas.

A inovação guiada pelo Design Thinking veio completar a visão do mercado de que para inovar é preciso focar o desenvolvimento ou a integração de novas tecnologias e a abertura e/ou atendimento a novos mercados. Além desses fatores tecnológicos e mercadológicos, a consultoria em Design Thinking inova principalmente ao introduzir novos significados aos produtos, serviços ou relacionamento.

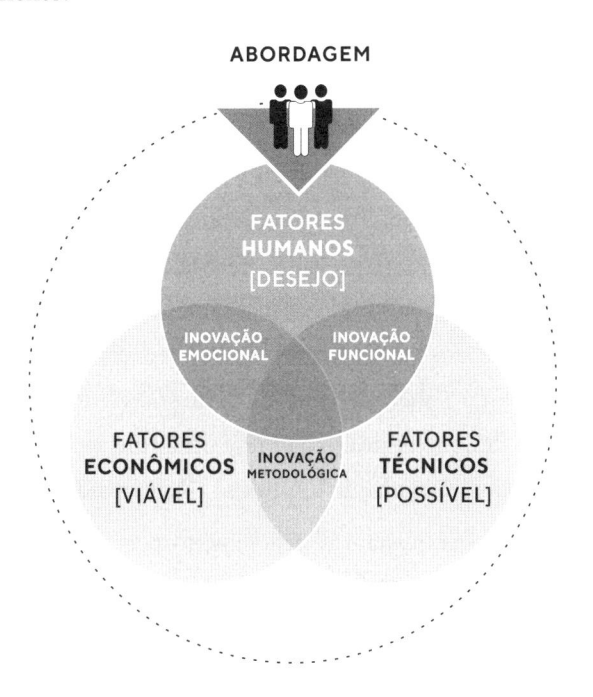

ABORDAGEM

- FATORES HUMANOS [DESEJO]
- FATORES ECONÔMICOS [VIÁVEL]
- FATORES TÉCNICOS [POSSÍVEL]
- INOVAÇÃO EMOCIONAL
- INOVAÇÃO FUNCIONAL
- INOVAÇÃO METODOLÓGICA

Sua abordagem vem da compreensão profunda dos fatores humanos, na convergência com os fatores possíveis e viáveis, a intersecção entre esses fatores fornecem elementos que propiciam inovações funcionais, emocionais e metodológicas.

O Design Thinking:

- não se baseia em pressuposições estatísticas;
- não é uma metodologia;
- é um processo de pensamento crítico e criativo.

No Brasil, como já foi mencionado, a evolução do design começou a ficar aparente e evidente após grandes empresas, marcas e mídias especializadas em negócios declararem que o pensamento em design estava por trás da cultura, estratégia e sucesso das marcas. E assim, diversas organizações começaram a empregar a cultura do design cada vez mais em setores e contextos diversos. O progresso da inteligência no design se deu pela maturidade atingida do Design Thinking e a sua maneira própria de lidar e se adaptar com problemas diversos. Pode-se listar uma infinidade de situações complexas vividas pelas organizações, mas um problema em evidência e comum entre elas é dar sentido e valor aos seus produtos e serviços, especificamente em solucionar dores e atender às necessidades dos usuários e seus elementos de valor (funcionais, emocionais, mudança de vida e de impacto social). Quanto mais elementos são fornecidos, maior a lealdade dos clientes e maior o crescimento sustentado da receita da empresa. Além disso, outro ponto importante na inserção do Design Thinking nas organizações é o de conectar pessoas aos negócios. Uma empresa com a cultura centrada no design vai muito além de uma função, pois se trata de um instrumento essencial para ajudar a simplificar e humanizar processos.

A cultura do design aplicada aos negócios, fornece diretrizes importantes para a formatação de um modelo de negócio que a partir do entendimento em profundidade dos desejos, anseios e dores extraídas dos usuários, identifica evidências simbolizadas por códigos (racionais e emocionais), essa interpretação mais assertiva proporciona propostas de valores mais autênticas que assim estabelecem as promessas racionais e emocionais de utilidades e afetivas.

Cultura do Design Thinking

Os pilares do Design Thinking são: empatia, colaboração e prototipação. Pautados por um processo de imersão, análise e interpretação, *ideation*, desenvolvimento, teste e experimentação.

Sempre posicionando o usuário no centro do desafio para a solução de problemas e seguido dos seguintes princípios: focar as experiências dos usuários, principalmente as emocionais. Para uma ação bem-sucedida do processo de empatia — a arte de conhecer as pessoas — com os clientes, deve-se mobilizar e capacitar os colaboradores a identificar os códigos emocionais — comportamentos e palavras relacionadas com desejos, aspirações, compromisso e experiências —, vivenciando e observando comportamentos sobre o que as pessoas precisam, querem e desejam para que se possa descrever os produtos e serviços.

Uma proposta de valor tradicional se utiliza de promessas de utilidade e uma proposta de valor emocional é uma promessa afetiva: criar mapas mentais para analisar os problemas. Para a construção de uma compreensão mais profunda sobre a relação usuário com o produto/serviço é fundamental uma ação colaborativa complementação na utilização de ferramentas de aprendizagem visual e de transmissão ordenada de dados e informações para gerar conhecimento do tema abordado, pois permite pensar de forma criativa e favorece a sistematização e a visualização das conexões e inter-relações entre ideias e conceito — a arte de criar coletivamente.

Esses mapas/modelos podem substituir planilhas, especificações e outros documentos que costumam compor o ambiente organizacional tradicional. Os mapas mentais — diagrama de afinidades, jornada do usuário, mapa de empatia etc. — ajudam a desenvolver uma habilidosa forma alternativa de pensar e olhar para um problema.

Construir protótipos para explorar soluções relevantes

Enquanto os mapas mentais centrados na jornada do usuário exploram o âmbito do problema e auxiliam na ideação, a prototipação se dedica às soluções.

Prototipação em Design Thinking é uma ferramenta rápida de observar os erros e proporcionar acertos antes do seu lançamento, podendo ser em forma digital, físico ou mesmo diagramático. Em todos os casos, são formas de comunicar e expressar ideias.

A prototipação é provavelmente o comportamento mais pragmático que uma empresa inovadora deve ter. Devemos valorizar mais a exploração e experimentação em detrimento do cumprimento de regras: conviver com as falhas. A inserção da cultura do design nos processos da empresa não significa incentivar erros, mas reconhecer que raramente as coisas acontecem da maneira que gostaríamos e esses equívocos fazem parte do desenvolvimento de qualquer ideia em produto ou serviço. O importante é remover atributos que não são relevantes e percebidos, além de evidenciar características que oferecem experiências emocionais e compartilham sentimentos. Não há mais distinção entre estratégias de negócios e experiência do usuário; e nessa mudança de Era, talvez a mais impactante da nossa história, são muitos os desafios e obstáculos.

Colocar as pessoas no centro das decisões, as organizações se posicionam a, de fato, ter o propósito de impactar vidas. Proporcionar conceitos e ferramentas de como o design interage e se posiciona diante de um mundo cheio de dilemas, complexo, volátil, incerto e ambíguo.

> *"Precisamos reavaliar nossas crenças e metodologias utilizadas a fim de desafiar a lógica dominante de fazer as coisas certas para assim, fazer coisas melhores."*

O valor do Design Thinking para os negócios

Partindo de uma situação que normalmente presenciamos no ponto de venda ou em algumas negociações, no momento em que o cliente diz que um produto está caro, em grande parte dos casos ele está querendo dizer: "Não estou enxergando valor no que você está me oferecendo."

Portanto, o que torna seu negócio, marca, produto ou serviço valioso não é o que você vende, mas a habilidade de realmente resolver um problema ou suprir uma necessidade. Como o elemento-chave, para que qualquer negócio possa ter valor e venha a ser inovador é necessário ter capacidade de resolver um problema, ser relevante e percebido com relevância para o cliente, pois o Design Thinking aproxima as pessoas das discussões e as coloca no centro das decisões. Assim as organizações passam a de fato impactar vidas com uma abordagem que é profundamente humana e que depende da habilidade de ser intuitivo, de interpretar o que se observa e de desenvolver ideias que são emocionalmente significativas para seus clientes e usuários.

O processo do Design Thinking permite compreender o que é valor no entendimento de necessidades e problemas, oscilando entre modelos de pensamentos divergentes e convergentes. É uma abordagem estruturada para gerar e aprimorar ideias. Cinco fases ajudam em seu desenvolvimento, desde identificar um desafio até encontrar e construir uma solução.

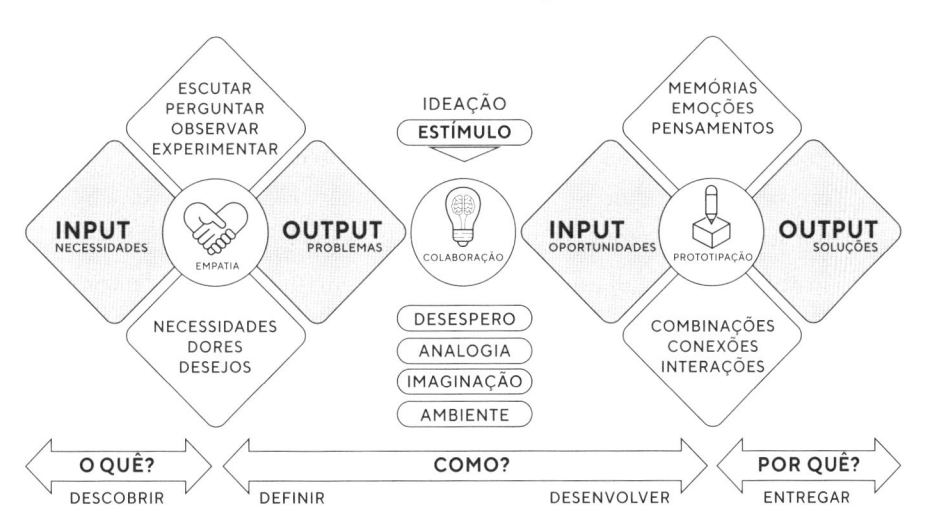

É a partir de um desafio pautado em necessidades e problemas referente ao tema que o pensamento em design nos incentiva a imaginar soluções que sejam desejáveis — valor agregado — para a sociedade. Uma vez compreendidas as reais necessidades dos usuários e seus problemas, são colocadas na balança as limitações de mercado, e os fatores financeiro e técnico disponíveis. Na compreensão de que uma proposta de valor está associado à habilidade de realmente resolver um problema ou suprir uma necessidade. Como poderíamos identificá-lo?

Para detectar um problema, é preciso entender o tamanho da dor, ou seja, em qual estágio e momento ele se encontra. Saber qual é o nível de consciência do seu cliente ou usuário e como ele interage com o problema fará com que você consiga desenvolver soluções muito mais assertivas e de fato desenhadas para as pessoas.

Níveis de problemas:

- **Problema latente** é aquele que existe, mas o cliente e/ou usuário não tem consciência da sua existência.
- **Problema passivo** é aquele problema que existe, o cliente tem consciência da sua existência, mas não está motivado a consumir a solução.
- **Problema ativo** é aquele que existe, o cliente tem consciência da sua existência, está motivado a consumir uma solução, mas ainda não teve nenhuma atitude para procurar uma maneira de resolvê-lo.
- **Problema de engajamento** é aquele problema que existe, o cliente tem consciência da sua existência, está motivado a consumir uma solução e já tomou uma atitude para procurar uma maneira de resolvê-lo, mas não obteve sucesso.

Utilizando o processo do Design Thinking na validação de uma ideia a partir das necessidades que não eram atendidas e problemas não resolvidos, tangibilizados em características e atributos constituídos de fatores emocionais e racionais em um protótipo que chamamos MVP (Mínimo Produto Viável), pode-se dizer que se tem as promessas e propostas de valores para modelagem de um negócio como argumento para a próxima geração de empreendedores com propósito.

Esse caminho de enquadrar os problemas e interpretá-los abre a possibilidade de empreender e reenquadrar soluções para o negócio detectando oportunidades a partir de alguns pilares:

- **Matriz de alinhamento:** enquadramento e reenquadramento de problemas em soluções a partir de um alinhamento realizado pelo grupo do que ainda se tem dúvidas, certezas ou suposições sobre o desafio, abrem a possibilidade de definir formas alternativas de interpretar situações com pontos de vistas diferentes.
- **Situações análogas:** novas oportunidades podem surgir de locais e situações observadas por associações entre coisas que já existem e que podem inspirar o desenvolvimento de soluções futuras. Você pode fazer analogias em setores semelhantes ou em áreas totalmente diferentes.
- **Raciocínio abdutivo:** utilização de raciocínios indutivos ou dedutivos para explorar situações lógicas que nos levam a conclusões empiricamente verdadeiras, enquanto o raciocínio abdutivo explora hipóteses sobre as observações vivenciadas, e essas incertezas que ainda são teses fracas nos levam a experimentar novas possibilidades.
- **Mapa mental:** A simulação mental do Design Thinking envolve reavaliar fatos passados e presentes conectando com o campo cognitivo do design estratégico de simular futuros possíveis, prováveis e desejáveis, isso envolve a prática de imaginar e criar cenários visuais que ajudam os empreendedores a iniciarem o processo de aprender da forma mais rápida possível, conectando o que é desejável, possível e viável para seu negócio. Auxilia os empreendedores e colaboradores a sintetizar suas ideias e a importância da proposta de valor, a gerar oportunidades no mercado com um modelo de negócio disruptivo, a simular a escalabilidade e crescimento e, inclusive, identificar quem pode frustrar ou matar um novo empreendimento.

Design da emoção

O objetivo é ampliar o significado do design e do marketing a partir da compreensão dos mecanismos de funcionamento da mente, entendendo em profundidade os motivadores e seus elementos de valor para as decisões de consumo a partir de aspectos cognitivos conscientes e influências inconscientes associadas aos sentidos e às emoções resultantes deles.

Organizações devem interagir e conhecer a jornada de um usuário e seus momentos e situações na relação com serviço e produto, atreladas à metodologia de consumo e investigação do neuromarketing, além da aplicabilidade nas relações com os consumidores.

Marcas devem promover um maior entendimento das respostas do cérebro humano aos estímulos de nossa sociedade, notadamente aqueles emanados pelas ações mercadológicas, de forma a gerar uma compreensão mais profunda dos hábitos e comportamentos dos indivíduos, possibilitando a criação de produtos e serviços, bem como sua divulgação, da forma mais adequada às expectativas e necessidades dos clientes.

O consumidor contemporâneo está mais ativo e mais consciente das estratégias publicitárias das empresas e com mais disposição para questionar suas práticas, está valorizando mais o propósito de uma empresa e os aspectos simbólicos compatíveis aos entregáveis de um produto ou serviço, e ainda, que tenha significado relevante e percebido por ele.

Hoje o consumidor não é um sujeito passivo, ele faz parte de uma sociedade caracterizada por desafios culturais, sociais econômicos, políticos e ambientais. O consumidor é ator e autor de suas próprias escolhas de consumo. A ideia central é que o consumidor de hoje é uma espécie de "empresa criativa" e cada vez mais o mercado deverá preparar-se para esse consumidor.

> *Consumidores são seres mutantes em um mundo em mutação."*
>
> **FRANCESCO MORACE**

O consumidor quer soluções e satisfação de seus anseios, que são buscados através dos elementos de valores funcionais, emocionais e até espirituais nas marcas, produtos e serviços que elegem como os de sua preferência, que acontece quando os elementos de valor são relevantes, percebidos e atende aos quatro tipos de necessidades, pois quanto mais elementos são fornecidos, maior a lealdade dos clientes e maior o crescimento sustentado da receita da empresa.

Pirâmide dos elementos de valor

Pode ser difícil definir o que um cliente valoriza em um produto ou serviço. Nesta pirâmide estão os trinta "elementos de valor" que satisfazem quatro necessidades principais: funcional, emocional, mudança de vida e impacto social. Os líderes devem reconhecer sua capacidade de estimular o crescimento desses elementos e priorizá-los. A fonte é a revista *Harvard Business Review Brasil*.

Diante das mudanças e transformações que vivemos, será que construir negócios sem significado e entendimento do que entregamos gera valor a sua marca, produto ou serviço? Qual o perigo de criar algo sem propósito? A busca de gerar proposta de valor sem significado não nos leva a uma posição de destaque perante o novo consumidor e a nova Era que chamamos de modernidade líquida (BAUMAN, 1999), que é permeada por sensações difusas:

- vazio existencial;
- inquietação;
- angústia em relação ao futuro.

É a época atual em que vivemos, sendo infinitamente mais dinâmica que a modernidade sólida que suplantou. É o conjunto de relações e instituições, além de sua lógica de operações, que se impõe e que dão base para a contemporaneidade. É uma época de liquidez, de fluidez, de volatilidade, de incerteza e insegurança. É nesta época que toda a fixidez e todos os referenciais morais da época anterior são retirados de palco para dar espaço à lógica do agora, do consumo, do gozo e da artificialidade. A passagem de uma a outra acarretou profundas mudanças em todos os aspectos da vida humana.

Portanto, o desafio é antecipar a identificação dos códigos racionais e emocionais e seus valores que ainda não foram nomeados ou percebidos pelo consumidor. A reputação das marcas e da sua organização é um dos mais importantes aspectos intangíveis de hoje, na percepção do consumidor. E assim devemos construir uma organização com:

- objetivo: ser protagonista de um mundo melhor;
- forças: tecnologia de uma nova Era;
- mercado: consumidor com coração, mente e espírito;
- conceito-chave: valores, propósito e essência;
- função da área de marketing: missão, visão e valores;
- função da organização: PTM (Propósito Transformador Massivo);
- função do design: estabelecer a relação de empatia dos negócios com o usuário;
- proposição de valor: funcional, emocional e espiritual;
- interação com consumidores: colaborações de-muitos-para-muitos.

O que é design para você?

```
        IMPACTO
        SOCIAL
       MUDANÇA
        DE VIDA
       EMOCIONAL
        FUNCIONAL
```

GRÁFICO: *Utiliza como base a matéria publicada na revista* Harvard Business Review, *em setembro de 2016 — os elementos de valor.*

ELEMENTOS DE VALOR:

- **Impacto social**: permitir a autotranscendência.
- **Mudança de vida**: dar esperança, atualizar, motivar, construir legado, gerar senso de pertencimento.
- **Emocional:** reduzir a ansiedade, recompensar, matar a saudade, dar prazer estético, ser emblemático, dar bem-estar, ser terapêutico, divertir, entreter, ser atraente e dar acesso.
- **Funcional:** economizar tempo, simplificar, dar dinheiro, reduzir risco, organizar, integrar, conectar, reduzir esforço, evitar problemas, reduzir custos, aumentar a qualidade, aumentar a variedade, ter apelo sensorial e informar.

Design Estratégico: um olhar para o futuro desejável da sua empresa

O Design Estratégico se tornou importante nas organizações que pretendem concorrer e lidar com a eficiência e a velocidade em mercados altamente competitivos e exigentes, definindo, portanto, sua participação e posição no mercado nacional e global.

A ideia central opera com proposições tangíveis e intangíveis de um sistema que integra marca, produto, comunicação e serviço, com o propósito de definir a posição e relação competitiva da empresa no mercado e no ambiente social. O design se torna estratégico quando incorpora o pensamento e as práticas de modo transversal no ambiente interno à corporação e na relação com seus beneficiários, impactando diretamente no processo de inovação, notoriedade, imagem e posição da empresa no mercado em relação aos competidores.

Diante das recorrentes mudanças econômicas, sociais, tecnológicas e de modelos de negócios, potencializadas pela transformação digital, as organizações com seus produtos e serviços não devem apenas antecipar as mudanças, mas dirigi-las.

Portanto, promover inovação a partir do design como estratégia exige visão ampla e profunda sobre as forças que afetam as necessidades, expectativas e desejo dos consumidores e usuários, além de conhecimentos e conceitos do design e do sistema de métodos de gestão e projeto existentes.

Quanto mais pisamos no mundo denominado V.U.C.A. e as influências dele interferem diretamente no comportamento do consumidor, mais a estratégia da empresa depende da sua "capacidade de resposta", ou seja, sua capacidade de fazer as melhores perguntas, lidar com a dinâmica de mudança, falta de previsibilidade e principalmente com os erros de leitura para adaptar ou inovar em negócios com produtos e combiná-los com serviços relevantes e pertinentes para o mercado.

Diante desse contexto, estabelecem-se processos de integração do sistema de design na articulação com a estratégia da empresa, bem como dupla interação entre os interlocutores do ambiente interno e externo. Logo, esse conceito eficiente, intuitivo e criativo representa o Design Estratégico. Portanto, intervir em termos de design estratégico significa prioritariamente contribuir para:

- a "patrimonialização" do conhecimento do design;
- o processo econômico das empresas;
- o desenvolvimento da cultura do "Sistema de Design";
- a elevação da competitividade e notoriedade das empresas no futuro;
- a melhoria da gestão e redução de custos;
- o potencial de diferenciação e capacidade de inovação.

Aplicar o design estratégico é importante para as empresas que precisam estar orientadas ao futuro e à nova economia, também, para aquelas mais profundamente interessadas na inserção de uma cultura de inovação. Está associado à capacidade da empresa em compreender, interpretar e visualizar aspectos concretos e abstratos do mercado, bem como a representação de cenários futuros, a decodificação de tendências e mudanças socioculturais, a capacidade de integrar diversas formas de conhecimento e a reflexão e formulação de diretrizes para a solução de problemas complexos.

Design estratégico atua de forma gerencial e projetiva de longo alcance, orientada para os objetivos e propósito da empresa, apoiada na compreensão, análise e interpretação dos fatores que condicionam o seu ambiente interno e externo. Conectando realidade e futuro.

Conectar realidade e futuro exige uma prática de conhecer o cenário atual; identificar as oportunidades e a realidade de como sua empresa está inserida no mercado e como é reconhecida pelo seu público; além de construir cenários a partir do seu propósito transformador massivo — como encantar e engajar pessoas sobre o seu futuro — e com tendências que podem afetar seu negócio.

A partir do alinhamento de realidade e futuro, o design estratégico entrega diretrizes que orientam a organização na tomada de decisão.

Mapa: futuro e realidade agora não estão mais separados

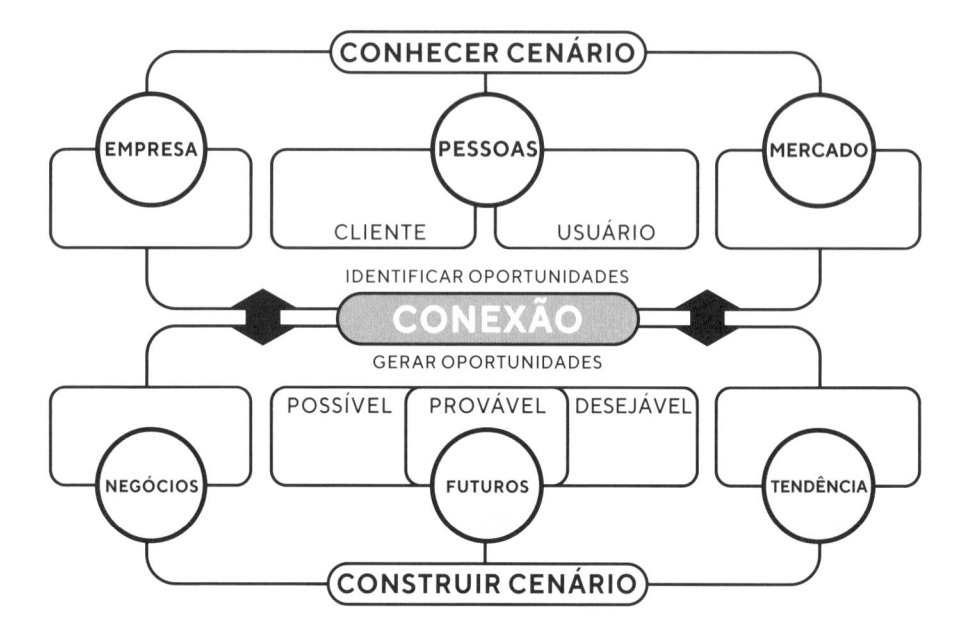

```
        CONHECER CENÁRIO
    EMPRESA    PESSOAS    MERCADO
             CLIENTE  USUÁRIO
          IDENTIFICAR OPORTUNIDADES
                 CONEXÃO
           GERAR OPORTUNIDADES
          POSSÍVEL PROVÁVEL DESEJÁVEL
    NEGÓCIOS   FUTUROS    TENDÊNCIA
        CONSTRUIR CENÁRIO
```

Cenário atual

- **Empresa:** propósito, valores, marca, produtos, serviços, estratégias, objetivos etc.
- **Pessoas:** dores e necessidades, comportamento, nicho, desejos, expectativas etc.
- **Mercado:** concorrência, modelo de negócios, oportunidades, problemas etc.

Cenário futuro

- **Negócios:** novos modelos de negócios da era digital, organizações exponenciais etc.
- **Tendências:** econômicas, sociais, culturais e ambientais.
- **Futuros:** possíveis, prováveis e desejáveis.

> *Mais importante do que idealizar o futuro é trazê-lo ao presente por meio de experimentações."*

Onde você e o seu negócio estão posicionados? Passado, presente ou futuro?

> *"Uns acreditam que as mudanças são motivadas por fatores externos. Para essas pessoas, o futuro é algo possível (é evidente que algo vai acontecer); ou futuro provável (talvez aconteça e é marcado pela incerteza). Mas existe um terceiro futuro, o desejável, um espaço inexplorado; e com criatividade, técnicas e empreendedorismo podemos moldá-lo com ideias, conceitos e realidades."*
>
> **REVISTA** *HARVARD BUSINESS REVIEW BRASIL*, **SETEMBRO DE 2015.**

Diretrizes: tipo de futuro — campo cognitivo do design estratégico

O campo do design estratégico a partir do futuro aplicado como cultura e estratégia de desenvolvimento de um negócio, produto ou serviço, estabelece as condições favoráveis aos processos de inovação a fim de tornar eficaz e relevante as soluções sugeridas. Descreve a posição da empresa no mercado e amplia a visão de futuro, selecionando os produtos-serviços que oferecem melhor condição competitiva diante do seu tempo.

CAMPO CONVENCIONAL	CAMPO ESTRATÉGICO A PARTIR DO FUTURO	
TIPOS DE FUTURO		
POSSÍVEL EVIDENTE	PROVÁVEL EMERGENTE	DESEJÁVEL ESPECULATIVO
PRÉ-DISPOSIÇÃO		
INCREMENTAL MELHORAR O NEGÓCIO	ADAPTATIVO MUDAR OS NEGÓCIOS	DISRUPTIVO CRIAR UM NEGÓCIO
ORIENTAÇÃO DO DESIGN		
HUMANO MELHORAR A REALIDADE	CONTEXTO TRANSFORMAR A REALIDADE	FICÇÃO CRIAR OUTRA REALIDADE
ESPÍRITO DO TEMPO		
HOJE ATENDER À DEMANDA	AMANHÃ ALTERAR A DEMANDA	DEPOIS DE AMANHÃ CRIAR A DEMANDA

REFERÊNCIA: *Revista Harvard Business Review Brasil, setembro de 2015*

6
O FIM DAS ORGANIZAÇÕES CONFORMADAS

Desde 2017 atuamos em vários projetos — desde a construção e gerenciamento de marca, negócio, desenvolvimento de novos produtos e serviços, aulas ministradas, palestras e treinamentos pela nossa empresa *Palestras & Conteúdo*. Todas essas ações ampliaram o nosso mapa mental sobre os principais incômodos, dores, necessidades e problemas dos empresários e gestores das mais diversas áreas e setores que estivemos em contato.

Todas essas informações absorvidas estão aqui neste livro com o objetivo de estabelecer algumas diretrizes dos novos e múltiplos modelos de negócios da nova economia e como estão mudando o mundo, abalando os modelos tradicionais, isto é, posicionar-se diante dessas transformações que foi um dos principais incômodos declarados pelos empresários.

Uma coisa é fato: se você ou sua empresa não se transformarem, a transformação acontecerá sem você. Já vimos até aqui que as empresas precisam gerar mais significados ao que produzem e não apenas resultados monetários, pois precisam gerar impactos, sejam eles econômicos, sociais, culturais e ambientais para, assim, poderem manter sua existência. E isso significa que ao modelar um negócio com valor e propósito não é possível considerar apenas os recursos monetários, é preciso monetizar e gerar resultados, a partir da conexão e fluxo dos seus recursos culturais — seu talento, seu conhecimento, seus atributos, sua criatividade e sua vocação — assim como dos recursos ambientais — infraestrutura, espaços, equipamentos, ações sustentáveis —, e ainda dos recursos sociais, que são as redes a que você pertence e está inserido; o conjunto de stakeholders; o ecossistema e os parceiros. Tudo isso é recurso: do tangível ao intangível.

Com isso, os negócios têm seus ciclos mais curtos e devem durar poucos anos com sua receita e modelagem inicial, sendo obrigados a mudar seus modelos e a forma de negócio após esse ciclo, adaptando-se a realidade do momento. Devemos entender que os erros serão mais frequentes e as falhas servirão de aprendizado para futuros negócios e não para a desistência. Quer uma dica? Aprenda a viver ciclos mais curtos, pois quem quiser viver mais e ser bem-sucedido, terá que se reinventar.

Sendo assim, fica evidente que o grande desafio para sobrevivência das empresas é a adaptação de seu modelo ao novo cenário, entre outras coisas, a criação de negócios e marcas que se adaptem rapidamente às mudanças, sem que ocorra a perda de sua essência, com a preservação de seu propósito e de sua autenticidade.

Qual sua visão de mundo? Acredite, por essência, somos mais adaptáveis do que imaginamos. Além disso, sempre será possível desafiar a lógica dominante de fazer as coisas certas para fazer coisas melhores, desejáveis, possíveis e viáveis; de fazer algo mais rápido em que o planejamento é mais eficiente com as técnicas de experimentação. Ideias só são boas quando executadas, pois nada está definitivamente pronto. Nasceu perfeito, nasceu tarde.

O que o mundo perderia se você ou sua empresa desaparecesse hoje? Se você não tiver a resposta na ponta da língua, é sinal que falta **propósito**, condição de sobrevivência desse século, essencial para manter a reputação, atrair, reter e engajar colaboradores, além de cultivar a lealdade entre os consumidores.

Coloque propósito, amor e valor antes do lucro. Identifique a verdadeira função do dinheiro: ajudar a chegar ao objetivo e não ao único objetivo. Já somos reconhecidos e valorizados por nossa reputação onde quer que estejamos e, com isso, qualquer indicação, recomendação, transação e decisão serão definidas por isso. Reputação é sobre como o mundo enxerga você, jamais se esqueça.

Empresas empenhadas em atingir alto crescimento tendem a seguir três estratégias bem conhecidas:

- Gerar novos mercados.
- Atender amplamente às necessidades dos stakeholders.
- Mudar as regras do jogo.

Contudo, há outro incentivador crítico de crescimento: **o propósito**.

Alguns anos atrás, a *Harvard Business Review* lançou um estudo global sobre o alto crescimento das empresas, investigando a importância dessas três estratégias conhecidas. Descobriram algo que surpreendeu: embora cada uma dessas estratégias de fato projete o crescimento das organizações, havia uma quarta estratégia que não haviam considerado: **o propósito**.

Muitas empresas consideram o propósito simplesmente um acessório da estratégia. Porém, o estudo realizado, paralelo ao que vivenciamos em nossos projetos e ações mostram que as empresas mais bem-sucedidas o colocam no centro.

Por que colocar o propósito no centro da sua estratégia?

Quando as empresas se deparam com a desaceleração e a corrosão de lucro num mundo em rápida comoditização, não basta só inovar em produtos, serviços ou modelos de negócios, mas em uma abordagem transacional, cujo propósito estabelece duas funções de crescimento importantes:

- **Redefina o campo de ação.** Não se limite ao seu campo de atuação, uma vez que amplia sua missão e pensa no ecossistema inteiro com interesses interligados e com relacionamentos entre os stakeholders.
- **Reformule a proposição de valor.** Responda às tendências e gere confiança, com benefícios duradouros e foco no elemento crucial e mais importante — a dor.

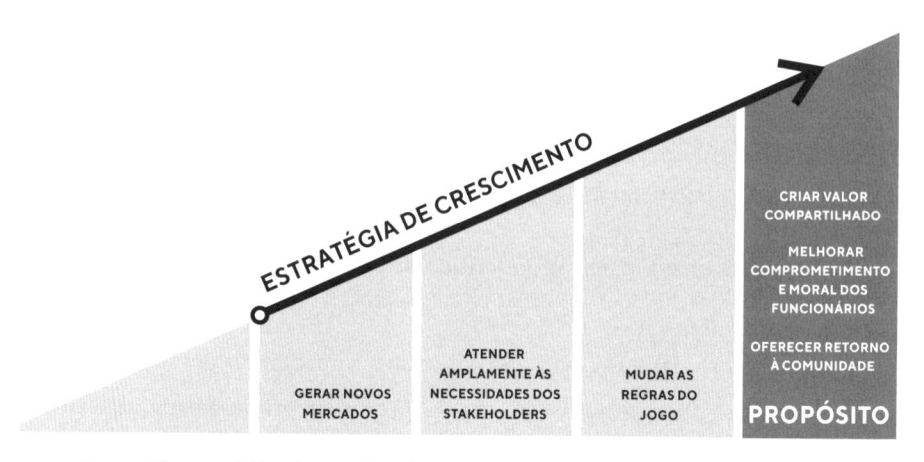

[Gráfico: ESTRATÉGIA DE CRESCIMENTO — GERAR NOVOS MERCADOS; ATENDER AMPLAMENTE ÀS NECESSIDADES DOS STAKEHOLDERS; MUDAR AS REGRAS DO JOGO; PROPÓSITO (CRIAR VALOR COMPARTILHADO; MELHORAR COMPROMETIMENTO E MORAL DOS FUNCIONÁRIOS; OFERECER RETORNO À COMUNIDADE)]

REFERÊNCIA: **Harvard Business Review, outubro 2019.** — *Coloque o Propósito no centro de sua estratégia.*

Toda estratégia orientada pelo propósito ajuda as empresas a superar os desafios de desaceleração do crescimento e redução de lucros. Também é muito útil para se obter uma gestão mais humana, que são aspectos relacionados às pessoas, que muitas vezes, são os problemas dos líderes.

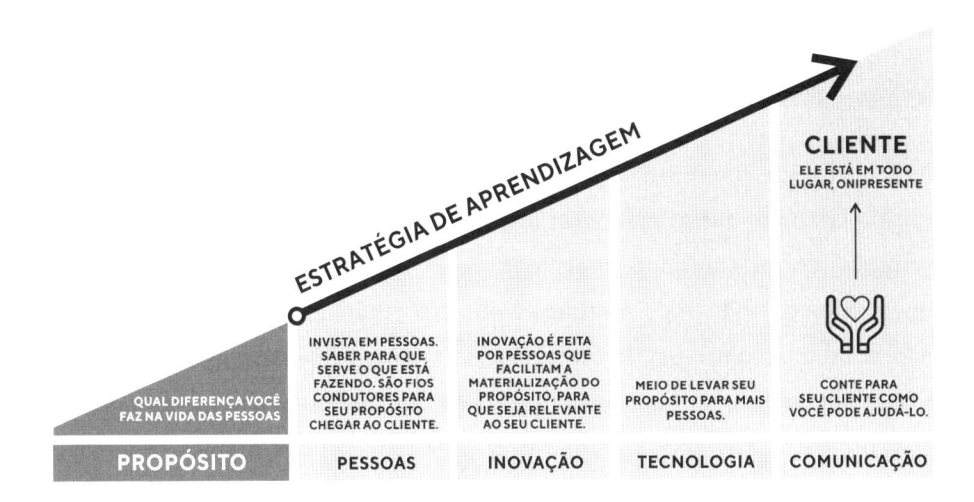

	PESSOAS	INOVAÇÃO	TECNOLOGIA	COMUNICAÇÃO
PROPÓSITO QUAL DIFERENÇA VOCÊ FAZ NA VIDA DAS PESSOAS	INVISTA EM PESSOAS. SABER PARA QUE SERVE O QUE ESTÁ FAZENDO. SÃO FIOS CONDUTORES PARA SEU PROPÓSITO CHEGAR AO CLIENTE.	INOVAÇÃO É FEITA POR PESSOAS QUE FACILITAM A MATERIALIZAÇÃO DO PROPÓSITO, PARA QUE SEJA RELEVANTE AO SEU CLIENTE.	MEIO DE LEVAR SEU PROPÓSITO PARA MAIS PESSOAS.	**CLIENTE** ELE ESTÁ EM TODO LUGAR, ONIPRESENTE CONTE PARA SEU CLIENTE COMO VOCÊ PODE AJUDÁ-LO.

ESTRATÉGIA DE APRENDIZAGEM

Uma cultura de propósito que está no centro de sua estratégia, está sempre orientada ao processo de aprendizagem, principalmente sobre interesse pelos problemas de seus clientes. Isso define uma causa e uma diferença que fará na vida das pessoas. Em outras palavras: investir e aceitar a relação das pessoas com a empresa e o trabalho. Insisto: invista nelas. Não forme apenas mão de obra. Dê a oportunidade de serem cérebros de obra, oportunidade para que elas possam pensar novos projetos e não apenas executar tarefas repetitivas, mecânicas e com receitas prontas. Essas orientações são o fio condutor de seu propósito para que, assim, ele seja materializado e comunicado (conforme o gráfico anterior).

Qual economia você vive hoje e como se posicionar diante dela?

Vivemos a economia da reputação ou da confiança, que está se expandindo para todos os modelos de negócios, pois o propósito e valor vêm antes do lucro. Reputação é sobre como o mundo enxerga você, sua marca e empresa. Por isso, transparência e autenticidade nas suas ações determinam o que pessoas e organizações farão por você. Comece um processo de desconstrução, mesmo que hoje tenha sucesso nos negócios, amanhã estará obsoleto. Olhe para o erro como uma oportunidade de consolidar o aprendizado.

O mundo dos negócios mudou! — O que realmente faz sentido?

Reconheça que empreender não é saber tudo, mas é apenas ser o condutor de um processo em que as metas são orientadas por crenças e valores. A resposta vem quando me questiono sobre como quero ser lembrado pelas pessoas: será que continuo produzindo produtos e serviços ou atendendo uma necessidade não atendida e solucionando um problema? O mais difícil é convencer as pessoas sobre essa mudança, e mais difícil ainda é um passo adiante: vender-lhes o verbo, em vez do substantivo. Talvez o desafio não seja resolver uma coisa extraordinária, mas uma coisa ordinária feita extraordinariamente bem.

Como nos relacionar com esse novo momento do consumidor?

Os mais atentos a essa transformação de mercado chegaram à conclusão de que é preciso acessar o coração, mente e alma do consumidor. Entender que o seu público é formado por uma massa de seres, antes de tudo, humanos. Reconheça que o consumidor está mudando e o compartilhamento de produtos e serviços é a nova tendência. A aceleração das mudanças que já comentamos nesta obra faz com que esse consumidor mude seu posicionamento e suas demandas sobre experiências que busca. Sua empresa precisa se posicionar diante dessas novas demandas.

O Design Thinking utilizado nas organizações realmente gera valor aos negócios?

Não para pessoas que utilizam por modinha, sem propósito, sem conhecimento profundo ou ainda, pessoas resistentes que não querem quebrar a lógica dominante de fazer as coisas certas para fazer e projetar coisas melhores… Definitivamente não. Como elemento-chave para que qualquer negócio possa ter valor e ser inovador, deve-se enfatizar sobre a capacidade de resolver um problema, de ser relevante e percebido com significado para o cliente. Por isso, sim, o Design Thinking aproxima as pessoas das discussões e as coloca no centro das decisões. Assim, as organizações passam a, de fato, impactar vidas. Converse, fale o que pretende, pergunte, ouça, observe, crie, teste e execute com velocidade e não com perfeição. Decida rápido, erre rápido e aprenda rápido.

Como eu posso inserir cultura de inovação com propósito, amor e reputação?

Se a empresa não tiver um propósito único e claro, ela não será inovadora. Estratégias de como "ser o melhor" não oferecem um caminho para a inovação da mesma forma que o propósito de "faça o seu melhor, mas faça com muito amor!".

As empresas que se destacam são reconhecidas pelo tamanho:

- dos problemas que resolvem;
- das transformações que provocam;
- das experiências que proporcionam;
- das esperanças que recuperam;

> "
> *A força da nova economia não está na sua condição econômica, mas na criatividade e reputação."*

A importância do posicionamento digital

Muitas empresas deixam o investimento em comunicação de lado por não compreenderem a importância do Marketing Digital. Outras até tentam algumas campanhas, mas não conseguem um retorno satisfatório por não criarem ações que visem um objetivo claro e específico.

Em um universo altamente conectado, a produção de conteúdo — artigos em blogs, cases, e-books, webinars e outros formatos — para atrair prospects e o e-mail marketing para nutrição de leads são fundamentais para a empresa alcançar melhores resultados. Outro ponto importante é que os clientes também são produtores de conteúdos nas redes sociais. Dessa maneira, eles utilizam seus perfis para darem depoimentos e avaliações sobre produtos e experiências de consumo.

No meio online, tudo acontece de forma mais dinâmica e as respostas podem vir instantaneamente, ao contrário do que acontece no offline, onde se expõe uma propaganda na rua, em revistas e na televisão e só se sabe as consequências dela dias depois. Esse ponto nos leva a uma segunda diferença crucial: passividade. Nos meios tradicionais, o público não interage com a comunicação, ele simplesmente vê, escuta ou lê, sem poder fazer nada em relação a isso, ao contrário do digital, meio em que pode interagir, dizer imediatamente se gostou ou não e até comprar, diretamente, a partir da publicidade.

Como falamos anteriormente, se sua empresa, líderes e colaboradores trabalham para encontrar um propósito para seu negócio; se todos têm experiência e conhecimento gerados através das "10 mil horas de trabalho" e se a extrema entrega de valor ao consumidor faz parte dos valores da sua empresa, o marketing digital pode e deve ser utilizado como canal para a profunda construção de autoridade da sua empresa e dos seus profissionais.

É um grande erro achar que a utilização dos meios digitais de comunicação são somente trabalho para "blogueirinhos e blogueirinhas" e que resultados efetivos para o negócio não são alcançados por esse tipo de atividade. Como falaremos no item sobre "Marketing digital de performance", resultados consistentes devem ser buscados nessas ações.

Essa mudança pode fazer com que algumas empresas não saibam como fazer uma comunicação digital e acabam por copiar o offline, o que não traz resultados positivos. Por isso, uma empresa que busca o crescimento precisa ter uma forte presença digital para acompanhar esse cliente e identificar oportunidades e pontos de atenção.

No entanto, urge ter cautela em relação ao assédio às tecnologias de ponta. São inúmeras áreas em que a presença da tecnologia é transformadora, sendo em muitos casos, definitiva. Pensar como utilizar tanta tecnologia em um mundo digital é tarefa para mentes criativas, sendo esse o papel fundamental do ser humano dentro da revolução digital que hoje vivemos.

Liderança Exponencial

Liderar é um exercício contínuo que apenas tem sentido se conduzido pelo exemplo. Como é reducionista pensar que liderar alguém se dá pelo processo de criação de regras ou orientação. Estar à frente de algo não faz de ninguém um líder.

Saber entender as etapas que compreendem qualquer processo, seu e dos outros, faz a diferença. É preciso incluir, ouvir, avaliar as situações e não simplesmente impor e muito menos acreditar que a sua verdade é única e ou que você estará sempre certo. Nas horas mais difíceis, as decisões mais complicadas são julgadas, para bem ou para o mal.

Um grupo, seja ele qual for, percebe sua liderança quando ela é conquistada, mas nunca imposta. Liderar pelo exemplo tem sua natureza no serviço e na busca pelo entendimento do outro. Quando um grupo percebe a relação com o líder como ponte, fortaleza e muitas vezes acolhimento, marca o que podemos chamar de início para um novo contexto nas relações entre os pares. Interessante pensar que apenas com a escuta sincera dos liderados é possível compreender o que é importante para cada um. Entender a necessidade e o que é valorizado pelo outro. É dessa forma que se pode começar a interagir não mais por você, mas pelo grupo.

Liderar pelo exemplo é o exercício contínuo da humildade em sua essência. Humildade nada tem a ver com desmerecimento das qualidades ou mesmo deixar de lado o que somos em função de alguém. A humildade se faz presente quando temos certeza do que somos e queremos, porém, compreendemos que apenas se conectando sinceramente com o outro poderemos viver plenamente o que somos. Liderar, portanto, deveria ser a busca contínua de saciar as necessidades do outro, entendendo que muitas vezes precisa ser dito "não". A liderança em sua essência traz à tona nossa necessidade como seres humanos de termos sempre uma referência para nos guiar. Em sua obra *O Poder do Mito*, o antropólogo norte-americano Joseph Campbell descreve ao longo da história da humanidade como nós, seres humanos, tornamo-nos a raça dominante. Desde os primórdios da nossa evolução entendemos que a organização em grupo seria a melhor forma de conquistar espaço, alimento e água. Dentro dos grupos, porém, a liderança de um ou mais membros criava a sensação de segurança, mesmo que esse líder não tivesse certeza de nada.

Note que liderar pelo exemplo conforta quando se percebe que os liderados olham para seus líderes com admiração e os seguem pelo mesmo motivo. O melhor é quando paramos de querer entender tudo e apenas deixamos nossos sentimentos perceberem a natureza a nossa volta. Quase sempre, podemos tirar muitas lições da quantidade de conexões existentes no meio onde vivemos. Para exemplificar, façamos uma analogia com o Projeto Tamar: a riqueza natural do Brasil é uma enorme fonte de conhecimento. Em nossas empresas, uma boa possibilidade de engajamento dos nossos colaboradores são os momentos que criamos de conexão com eles na natureza. Um dos nossos treinamentos oferecidos pelo *Palestras & Conteúdo* tem como base essa conexão e se chama "*Conhece a Ti Mesmo*".

Voltando ao Tamar e a proposta de reflexão, vamos explorar o conceito que chamamos aqui de *Tartarugas Exponenciais*. No início dos anos 1980, associações ligadas à proteção da vida marinha perceberam um enorme declínio das espécies de tartarugas marinhas que vinham da costa brasileira. O declínio era tão grande que algumas espécies em trechos do litoral não possuíam espécimes avistados ao longo do período de desova. Nasceu disso o Projeto Tamar. Primeiro eles perceberam que a caça das tartarugas apenas diminuiria se os ribeirinhos tomassem consciência da preservação. Por outro lado, precisaria ser mudado o modelo de pesca praticado, pois milhares de tartarugas morriam em redes ou de outras maneiras ligadas à pesca. Um enorme desafio.

Ano a ano, o projeto evoluiu através de palestras, treinamento de ribeirinhos, monitoramento dos ninhos de desova, controle dos animais adultos e desenvolvimento de novas formas de pesca. Vejam: já faz 40 anos do projeto e embora as tartarugas ainda sofram pressões e corram riscos, já são mais de 40 milhões devolvidas ao mar de maneira segura, promovendo a possibilidade de as espécies marinhas sobreviverem.

O projeto Tamar proporcionou a criação de um movimento que chamamos de "Tartarugas Exponencias". A escala geométrica de crescimento da população de tartarugas em função do sucesso do projeto, evidenciam como os movimentos exponenciais acontecem. Um conjunto de ações que nascem desde a conscientização dos moradores locais, dos ribeirinhos da cadeia de turismo e até dos restaurantes gerou condições para que o projeto conseguisse atingir o que conhecemos hoje.

Claro, que estruturas de apoio, biólogos, programas de conscientização e muito estudo foram e continuam sendo necessários. O que fica claro para nós é que movimentos exponenciais não nascem a esmo, mas sim quando criamos os ambientes corretos.

Temos muito o que aprender com a natureza quando falamos da criação de movimentos exponenciais.

Trazendo para a realidade do mundo dos negócios, se queremos gerar movimentos exponenciais, sejam eles na venda de produtos ou serviços, geração de leads ou autoridade, e ainda a consolidação de um conceito criado, precisamos entender como a exponencialidade acontece. Em um determinando momento, o que era para ser um crescimento linear tornou-se exponencial, pois o ambiente criado proporcionou a escala do crescimento das tartarugas sem que elas mesmo entendessem esse movimento. Em nossos negócios, o crescimento exponencial apenas é atingido quando temos três pontos bem definidos. Vamos a eles:

- **Produto ou serviços aderentes ao mercado** (soluciona o problema de fato): ou criamos negócios que solucionam problemas essenciais ou estamos criando empresas para apenas dar desconto.
- **Mercado consumidor:** exponencialidade apenas acontece quando existe um mercado consumidor grande o suficiente para gerar uma grande quantidade de clientes. Este ponto é bem interessante. É comum analisarmos empresas que seu mercado consumidor foi reduzido a nada por causa da concorrência ou ainda por mudanças de comportamento do mercado. A não compreensão do mercado no qual se busca inserir as empresas ou mesmo continuar oferecendo soluções pode representar a aniquilação do sonho de criar exponencialidade.
- **Margem de lucro saudável:** boas margens são o segredo para construção de negócios exponenciais. Veja, posso ter preço final baixo ou assinaturas com valor médio pequeno, mas com margens bacanas. A dinâmica de margens saudáveis está diretamente relacionada a custos orientados a resultados, produtos e serviços com grande valor tecnológico e ainda modelos de negócios com a cadeia de geração conectada e inter-relacionada.

Aprendendo ainda mais com as tartarugas, elas nos mostram que é possível sobreviver mesmo em um mundo que parece não mais entender o que é natureza e a nossa relação enquanto seres humanos. A verdade exposta no Projeto Tamar é que tendo o engajamento da comunidade, conscientização dos envolvidos na cadeia de valor e ainda um propósito forte, podemos mudar a realidade de qualquer cenário ou ainda criar movimentos capazes de gerar a exponencialidade que tanto queremos em nossos negócios.

> *Liderar pelo exemplo, portanto, em muitos casos é simplesmente se posicionar como reflexão e não como aceitação."*

Como missões de negócios podem transformar sua empresa

Liderança é algo que todos nós podemos e devemos desenvolver. Mas o que é liderar? As ondas de modernização nascem, crescem e morrem. Termos são construídos, metodologias são criadas e existem os modismos. Porém as pessoas — centro da transformação digital — continuam mais tradicionais do que sempre.

Para quebrar algumas barreiras que parecem presas ao conservadorismo, uma boa dica é investir em missões de negócios, viagens, imersão de conhecimento. Pessoas que entendem a importância, com esse grau de desenvolvimento, maturidade e carreira têm quase sempre expectativas muito elevadas em relação às experiências que são expostas. Sendo assim, as missões têm um grande desafio: como garantir a essas pessoas uma verdadeira oportunidade de crescimento?

Transformar pessoas jamais seria possível partindo do que ela diz ser ou pelo que está exposto no LinkedIn, ou em outras redes sociais. Em uma missão, cada membro precisa ser enxergado como ser individual e único que é, mesmo que faça parte de um grupo enorme. Quando começamos a jornada de transformar pessoas, começamos por aquilo que, a nosso ver, seria o essencial: conectá-las.

Usando um termo teológico, é desvelar. Desvelado é algo que não esconde sua essência. Ao desvelar algo, percebemos com nossos olhos e coração que nada mais existe além da verdade. E a verdade por si só já é a verdadeira essência de cada um de nós. Transformar pessoas faz parte do pressuposto de que precisamos ajudar cada um dos envolvidos no processo de encontro com a verdade.

É interessante observar que nas primeiras ações propostas existe a resistência de alguns, a abertura de outros, a bronca de muitos, mas normalmente, a surpresa da maioria. O comum sempre é acharmos que quanto mais informação e estudo, melhor será para podermos aproveitar. Ou ainda que: quanto mais estudamos, mais aprendemos. Essas lógicas são comuns e fazem parte dos processos do mundo linear, que diante das transformações vividas atualmente, não mais fica de pé. A lógica do ensino, porém, a profundidade do conhecimento; das interações humanas é exponencial.

Existe uma mágica na transformação das pessoas que se dá justamente quando muitos buscam o que parece ser inatingível. Vivemos no mundo da informação, em que tudo é possível a um toque do dedo. Todas as informações estão ao nosso alcance, mas sinceramente, a única coisa que a grande maioria tem alcançado é o vazio. Transformar pessoas é ajudá-las a compreender como se conectando a outras tudo fica mais leve e fácil, afinal, somos seres humanos. Em uma missão, poder se conectar a dezenas de pessoas abre em sua vida universos paralelos de conhecimento, oportunidades, aprendizados e experiências.

Em uma missão de negócios, você é retirado do seu porto seguro e conectado a outras pessoas; lugares. Em consequência, desenvolve ou ajuda a redescobrir sua capacidade de ser quem você é. Em uma missão, você pode, se quiser, viver o que é ser transformado. Se quisermos mudar o mundo, temos que mudar a nós mesmos. Ser transformado é estar aberto ao outro, não como crítica, mas como aprendizado que essas relações geram espontaneamente.

Transformar empresas é transformar pessoas. Em uma missão, você pode fazer um MBA estando disposto a ser transformado. Se transformar empresas é transformar pessoas, comece você sendo o mundo que deseja. A quantidade de informação gerada e absorvida em um encontro desses é incrível. Entender o que está ocorrendo no mundo nos ajuda a entender como podemos auxiliar nossos gestores e parceiros a manterem seus negócios competitivos ou ainda se manterem vivos dentro de uma economia acelerada e em constante transformação.

7
ECONOMIA COMPARTILHADA

Em meio aos problemas ambientais, crises econômicas, excesso no consumo; assistimos às redes sociais, aplicativos e a internet se popularizando cada vez mais. Seria ingenuidade achar que tudo isso não implicaria mudanças de comportamento e consumo.

Em poucos anos, a realidade mudou de cara, de sentido e de apelo. As pessoas já deixaram de comprar CDs para ouvir música online e pararam de alugar filmes em locadoras e começaram a assisti-los em plataformas de streaming. Muitas delas, inclusive, diminuíram o uso do próprio carro para se locomoverem por meio de "veículos de aplicativos". O nome que se deu a essas trocas? — Economia compartilhada.

Foi em meio à crise de 2008 que, as primeiras constatações de que, tanto a mãe natureza quanto o mercado chegaram a um limite, deixava claro que o modelo extremo consumista em vigência não era mais sustentável. E se você já chegou até aqui neste livro, não é difícil imaginar o porquê da conclusão. Alguns fatores-chave conduziram esse novo modelo econômico: as preocupações ambientais, a recessão global, as tecnologias e redes sociais e a redefinição do sentido de comunidade.

Segundo os estudiosos e especialistas, basicamente a economia compartilhada contempla três possíveis tipos de sistemas:

- **Mercados de redistribuição:** ocorre quando um item usado passa de um local onde ele não é mais necessário para onde ele é. Baseia-se no princípio do "reduza, reuse, recicle, repare e redistribua".
- **Lifestyles colaborativos:** baseia-se no compartilhamento de recursos, tais como dinheiro, habilidades e tempo.
- **Sistemas de produtos e serviços:** ocorre quando o consumidor paga pelo benefício do produto e não pelo produto em si. Tem como base o princípio de que aquilo que precisamos não é um CD, mas a música que toca nele. O que precisamos é um buraco na parede e não uma furadeira e isso se aplica a praticamente qualquer bem.

O mais interessante é que a economia compartilhada permite que as pessoas mantenham o mesmo estilo de vida, sem precisar adquirir mais, o que impacta positivamente não só no bolso, mas também na sustentabilidade do planeta. Ou seja, trata-se de um novo modelo econômico baseado no consumo colaborativo e atividades de compartilhamento, troca e aluguel de bens.

Na prática, sua essência está nas transações do tipo P2P, de pessoa para pessoa e no aproveitamento de recursos ociosos com ênfase no uso, não na posse. Uma mudança de prática e hábitos poderosos e que rapidamente foi aderida pelos usuários mundo afora, afinal, a necessidade de poupar recursos naturais e financeiros, principalmente após a crise mundial de 2008, também assustou e muito.

Ao integrar o conceito ao mundo corporativo, para que uma empresa seja classificada dentro da economia compartilhada, deve obedecer aos seguintes requisitos:

- Core business relacionado à promoção do acesso a bens subutilizados.

- Consumidores beneficiados pelo acesso a bens e serviços.
- Negócio construído em redes descentralizadas e marketplaces.

Perceba que as organizações que seguem esse modelo se caracterizam por uma sensação de pertencimento, benefício mútuo e responsabilidade coletiva, pontos altamente desejáveis para qualquer instituição nos dias de hoje. Por essa razão, o fenômeno do compartilhamento deve muito à Era digital, pois boa parte das transações do tipo são intermediadas por plataformas e aplicativos.

O fato é que, de tempos em tempos, novas revoluções emergem, revoluções capazes de mudar tudo, do modo como trabalhamos ao modo como nos relacionamos. Estamos no centro de uma mudança de era e qualquer reflexão feita hoje pode fazer menos sentido amanhã. Por isso, para não insistirmos em modelos obsoletos, o melhor é enxergar as oportunidades que a economia do compartilhamento nos dá para não só sobrevivermos, como sairmos ainda melhores das crises econômicas que vem colocando em xeque o modo como entendemos mercados e a economia.

"
As organizações que seguem esse modelo se caracterizam por uma sensação de pertencimento, benefício mútuo e responsabilidade coletiva."

Vendas para nova economia

Durante muito tempo foi pregado que vendedores devem ser caçadores de clientes e negócios. Essa energia que sempre se desejou dos vendedores distorceu a sua atuação e formou uma legião de vendedores ávidos por negócio em detrimento do principal personagem dessa história: o cliente.

Muito da interpretação das famosas vendas persuasivas, e não necessariamente na sua essência, está no fato de que, vendedores com produtos ruins precisam convencer clientes que esses produtos e serviços realmente são o que eles precisam. A partir disso, uma grande escola de vendas foi formada para tentar convencer clientes a comprar coisas das quais não precisam ou comprar produtos e serviços que não resolvem seus problemas, não proporcionam transformações, não permitem novas experiências e os mantêm na mesma vida de antes.

Insistir de várias formas diferentes, compreender a comunicação dos clientes para argumentar de forma a pegá-los de surpresa, criar uma gama de contra-ataques às objeções dos clientes são algumas das ferramentas e artimanhas que eles tiveram que desenvolver para sobreviver no mercado.

O mundo de vendas somente pelo discurso e apelo de convencimento está caindo a cada dia, pois o consumidor conectado se valendo cada vez mais das informações a sua volta, torna-se alguém cada vez mais preparado para resistir ao consumo de "compre que o meu é melhor". Por outro lado, a pressão por preços criada por consumidores os coloca — as empresas — em uma posição ansiosa de oferecer preços cada vez mais baixos, descontos e vantagens comerciais, já que não conseguem oferecer valor ao cliente. Vamos falar mais sobre isso ao longo deste capítulo.

Mas, será que qualquer empresa pode vender para qualquer consumidor? Quantas pessoas você conhece hoje que tomam a famosa *Coca-Cola*? Algumas tomam muito, outras não tomam nem amarradas, boa parte delas tomam "socialmente". Se Coca-Cola, um produto que já esteve entre os mais vendidos em todo o mundo não vende para todos, por que a sua empresa venderia para todo o mercado?

Voltamos à questão de conhecer profundamente os seus clientes e identificar de forma criteriosa quais são aqueles que estão mais alinhados com os negócios, melhor dizendo, mais alinhados com a proposta de valor. Quanto mais alinhados com o que se oferece estiverem os clientes, mais capacidade de admitir que somos importantes em suas vidas, mais tempo ficarão conosco, mais embaixadores da nossa marca eles serão, mais indicações eles farão para seus amigos, mais essa corrente do bem se fortalecerá. Note o círculo virtuoso que é estabelecido dessa forma.

Um pensamento estrutural para encontrar o cliente importante para sua empresa é trazido pelo conceito de ICP (sigla em inglês que trata do Perfil de Cliente Ideal). Sabendo que não é possível "vender tudo para todo mundo", como escolher o tipo de cliente para o qual minha empresa deve vender? A primeira resposta está dentro da própria organização.

Para a definição de ICP é importante que os executivos façam uma análise da sua carteira de clientes a partir de perguntas como:

- Quais são os clientes mais lucrativos?
- Quais são os clientes com o maior volume de compras recorrentes?
- Quais são os clientes que compram mais rápido?
- Quais são os clientes que geram mais depoimentos positivos?
- Quais são os clientes que mais indicam outros clientes?

Poderíamos fazer um capítulo do livro somente com perguntas como essas, mas acreditamos que os exemplos citados sejam suficientes. Quando indicamos para empresários e executivos fazer essa análise, eles normalmente se deparam com a surpresa boa de identificar que a parcela de cliente que responde positivamente aos questionamentos tem alguns perfis em comum. E o que se identifica em comum? Portes empresariais; mercados dos clientes; forma de aplicação do seu produto ou serviço; tipos de processo de compras; cargo dos influenciadores e decisores do processo de compra; feedbacks sobre redução de custo; aumento de performance ou receita; momento empresarial, por exemplo, são respostas para a pesquisa e a partir delas, fica muito mais simples a definição de ICP e a qualificação das oportunidades de negócio.

Uma das ações mais importantes existentes em times de vendas hoje em dia é a de **qualificação de leads ou oportunidades.** Os profissionais que lidam com essa qualificação podem ser chamados de SDRs — *Sales Development Representative*, segundo o célebre Aaron Ross no livro *Receita Previsível* — ou podem ser chamados simplesmente de qualificadores de oportunidade, mas de qualquer forma, precisamos entender que esses são profissionais importantes no processo de vendas, principalmente se sua empresa se enquadrar em um modelo de vendas consultivas. Entenda que esses profissionais que atuam na qualificação de oportunidades de vendas estão longe da atuação de um telemarketing com pouca qualificação, como algumas empresas insistem em dizer. Qualificadores de oportunidades de vendas, sejam eles jovens ou não, são profissionais qualificados, com conhecimento técnico de vendas, dotados de processos e ferramentas importantes para realizar o seu trabalho e entregar grandes resultados. Esses resultados são hoje um grande ouro para departamentos de vendas, pois encurtam caminhos e simplificam a atuação de vendas por entregar clientes potenciais com qualidade e quantidade suficientes para se executar uma boa venda.

Todos os profissionais que atuam em vendas precisam ainda se renovar neste contexto. Afinal, com a morte das prospecções frias seja por uma nova demanda de relacionamento dos clientes como pelas exigências da Lei Geral de Proteção de Dados (LGPD) no Brasil ou pela sua lei materna GDPR (em sua versão europeia com aplicação mundial), esses profissionais precisam remodelar sua atuação para se adequar ao que realmente o mercado e os times de vendas precisam da sua atuação. Falaremos mais adiante sobre o marketing entregando leads inicialmente qualificados para os SDRs como criação de um funil de vendas consistente e previsível.

Agora, quanto mais é necessário desenvolver "métodos persuasivos" para convencer a compra de clientes desalinhados com os negócios, mais cairá na "esparrela" de vender "com pressão psicológica" somente — cuidado! Valores emocionais são os que mais se adéquam à nova economia. Prometer muito mais que consegue entregar, e principalmente, **vender com preços cada vez mais baixos é um enorme erro**. Métodos de marketing digital por pressão emocional pregando mágicas de especialistas instantâneos — talvez você se lembre aqui do nome de algumas "marcas" desse tipo de marketing digital — ou de vendas com técnicas demasiadamente agressivas e pouco respeitosas com o cliente trabalham da pior forma — mais manipulativa —, pois usam as emoções dos consumidores, que por sua vez, é algo do qual não se deve se aproximar.

A briga por preços é um dos principais problemas pelos quais times de vendas têm passado e é tema central das consultorias que promovemos. Uma das coisas que mais defendemos nesse processo é que "na maioria das vezes quando o cliente diz para você 'está caro', ele na verdade, quer dizer 'não estou vendo valor nisso que você está me oferecendo'".

Para piorar essa situação, a "filosofia do desconto" e da baixa entrega de valor criou uma geração de clientes ansiosos por ter rápido preço, assim, um mercado recessivo com menos oportunidades de negócios do que gostaríamos, bem como uma geração de vendedores ansiosos por oferecer o preço. Assim, nasce o grande problema das áreas de vendas: a oferta prematura de propostas comerciais e preços.

Você pode ser um vendedor em um processo complexo de vendas ou atuar em uma empresa de varejo atendendo lindos fregueses em um balcão, mas vai sofrer com isso: clientes que querem preços cada vez mais rápidos, antes de entender qualquer coisa importante sobre o valor que sua empresa oferece. Nesse sentido, é preciso compreender que:

- **Preço** é o quanto monetariamente algo custa.
- **Valor** é o quão valioso é um produto, serviço ou solução para o seu cliente.

É importante deixar claro ainda e frisar que a construção de valor pode acontecer em qualquer processo de vendas, não somente os processos de vendas consultivas, como muitos ainda imaginam.

Como identificar e/ou construir/criar um ambiente com grande entrega de valor:

- **Empresas conscientes** do tipo de cliente que querem atender e entender (definição de ICP que vimos anteriormente).
- **Cultura organizacional** (a partir do propósito de interesse aos problemas do seu cliente) de entrega de valor para seus clientes.

- **Processo de seleção** que (engaja talentos) e encontra (os motivos) talentos para entregar o valor.
- **Engajamento ao propósito,** treinamentos e desenvolvimento de habilidades nestes agentes.
- **Experimentação de formas de entregar** (os elementos de) valor para os clientes.

Consciência, propósito, cultura, processos, treinamentos e experimentação, uma vez aplicados serão, sem dúvida, o primeiro passo de qualquer empresa rumo ao almejado valor que se sobrepõem ao preço e faz de qualquer marca uma referência.

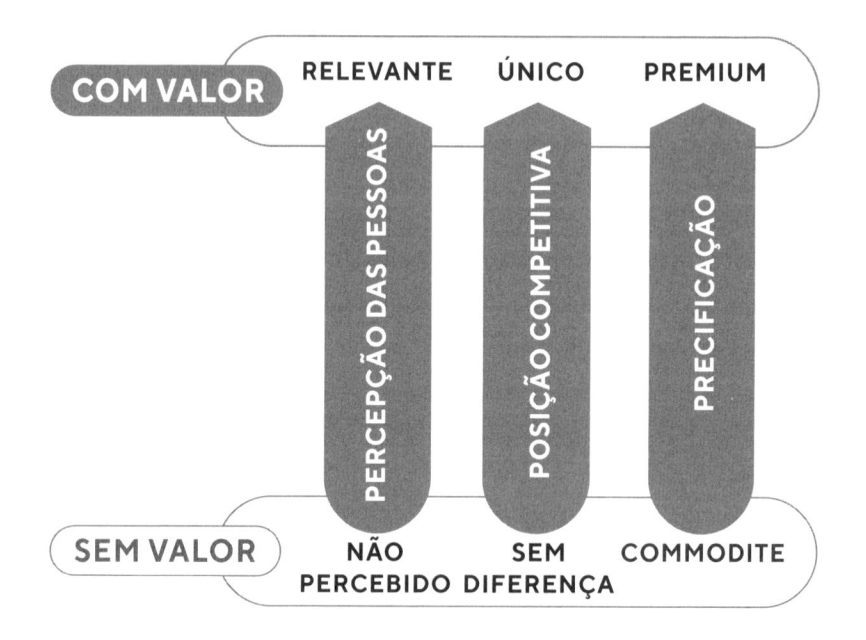

COM VALOR	RELEVANTE	ÚNICO	PREMIUM
	PERCEPÇÃO DAS PESSOAS	POSIÇÃO COMPETITIVA	PRECIFICAÇÃO
SEM VALOR	NÃO PERCEBIDO	SEM DIFERENÇA	COMMODITE

Quanto mais sua empresa tem em seu propósito se interessar pelo problema de seus clientes e consegue proporcionar e fornecer elementos de valor, maior a lealdade dos clientes e maior o crescimento sustentado da receita da empresa.

A organização que atua sob a cultura do resultado, mas é guiada e orientada pelo aprendizado e o **propósito** de se **interessar pelo problema de seu cliente** proporcionará, no processo de construção de um produto ou serviço de projeto, a identificação e geração de valores relevantes e percebidos. Isso colocará a empresa em um lugar de destaque no mercado como único e desejável.

> *Se interesse pelo problema do seu cliente, que naturalmente ele vai se interessar e valorizar sua empresa."*

Com base nos cinco pontos colocados, fica evidente que o extremo desenvolvimento de valor no cliente pode ser feito em qualquer negócio, em qualquer empresa. Um café, uma loja de bairro, uma oficina de serviço automotivo, bem como uma empresa de arquitetura, uma empresa de software, uma empresa que desenvolve grandes projetos... **Tudo é construção de valor para quem tem valor para entregar.**

Se você e sua empresa desenvolvem e entregam valores para seus clientes, constroem nele um entendimento das suas reais necessidades e a sincera certeza de que seus produtos, serviços e soluções atenderão a essas necessidades de forma primorosa antes de apresentar o preço:

Parabéns! Vocês estão no caminho certo.

Dessa forma, o cliente terá uma grande percepção de valor e uma baixa percepção de preço. Além da confiança de ter sido ouvido, entendido e de ter sua opinião contemplada em uma decisão, ele se sentirá à vontade para comprar e comprará mais rápido.

Mas, se ao contrário disso você entregou o preço, orçamento ou proposta comercial correndo para o seu cliente, antes de ele entender o quanto você realmente pode fazer a diferença para a vida pessoal ou corporativa dele, péssima notícia: **ele vai brigar por preço com você!** Isso se ele simplesmente entender que seu produto, serviço ou solução está caro demais e por isso, você e a sua empresa não merecem mais atenção.

A entrega de preços antes de uma correta construção de valor está entre os problemas que mais derrubam a capacidade de vendas de empresas e vendedores, e mais os colocam na eterna briga por preços.

Apesar de o foco ter sido de forma mais incisiva sobre a necessidade de qualificação de clientes e da construção de valor antes da entrega dos preços, é importante entender que "uma venda é feita de diversas vendinhas", porque os clientes precisam passar por uma sequência lógica de passos para decidir sua compra de forma inteligente.

Nesse ponto que lembramos do famoso funil de vendas, uma forma de demonstrar graficamente essas fases do processo de vendas, bem como o fato de que nem todos os clientes que entram no funil, saem do outro lado. Entender taxa de conversão em cada uma das fases e o tempo que os clientes levam para percorrer o funil é o que forma toda a estatística de vendas que tanto os gerentes de vendas sonham em implantar nos seus times.

Vender na nova economia depende de um reposicionamento desses vendedores e um novo aproveitamento de tudo que os cerca. O cliente deve estar no centro de tudo, assim, todas as ações devem estar conectadas a transmitir a ele alto grau de valor e percepção de experiência.

> *Consciência, cultura, processos, treinamentos e experimentação, uma vez aplicados será, sem dúvida, o primeiro passo de qualquer empresa rumo ao almejado valor que se sobrepõem ao preço e faz de qualquer marca uma referência."*

```
        MARKETING E MARCA              OPORTUNIDADE DE VENDA
              ATRAIR                          OPORTUNIDADE
              ENGAJAR                         ABORDAR
              CONVERTER                       QUALIFICAR
              EDUCAR                          MAPEAR
              CONECTAR                        DESENVOLVER
                                              PROPOR
                                              VENDER
```

Marketing de performance

Marketing sem conversão... é esforço e dinheiro jogado no lixo. Antes que os profissionais de marketing, branding e *awareness* parem de ler o livro aqui, no centro dessa frase quase mal-educada está uma só questão: marketing é encarado pelas empresas como custo e não como investimento e por isso, todos nós precisamos mudar essa percepção.

Para entrar nesse assunto, vamos passar pelos três principais motivos que nos levam a constatação mencionada antes e que passa pela falta de conhecimento de marketing dos empresários e empreendedores: a falta de compromisso de alguns profissionais de marketing em realizar ações que demonstrem resultados efetivos e o desinteresse de líderes de vendas em se conectar diretamente com marketing.

Vamos começar com uma afirmação: empresários e empreendedores precisam conhecer marketing. Executivos de todas as áreas de uma empresa precisam conhecer estratégias de marketing e principalmente, as possibilidades que o marketing digital oferece. Quando esses profissionais não conhecem o trabalho de marketing, algumas distorções acontecem de forma muito comum:

Não compreender que marketing digital é um caminho. Quando as possibilidades de atração de negócios que o marketing digital pode oferecer estão fora do radar desses profissionais, perde-se uma possibilidade de força extrema para alavancar os negócios. Marketing Digital e a democratização que ele traz são extremamente importantes para que empresas de todos os portes consigam a impulsão, capilaridade e previsibilidade de vendas que tanto desejam. Quando marketing digital é colocado de lado, acabam entrando na conta de atração comercial somente as ações de embelezamento de marketing — que servem muito pouco, mas veremos a seguir —, trabalho bruto de vendas para obter mais negócios, já que as prospecções frias que todos odeiam e que estão praticamente impedidas de serem feitas a partir da instauração da LGPD, e a dependência de indicação de clientes, método nada previsível de obtenção de oportunidades quando não se tem um processo objetivo para gerar tais indicações. Isso sem falar no uso das velhas mídias tradicionais como banners, outdoors, propagandas em TV, panfletos etc., apresentando-se como ações caras, pois têm dificuldade em comprovar seus resultados.

Projetos de marketing abaixo do mínimo necessário. Quando o empresário, empreendedor e executivo não conhecem marketing, podem incorrer no erro de pedir ou aprovar ações de marketing e marketing digital menores que o mínimo necessário. Entendem que marketing digital (por exemplo) não é capaz de trazer negócios efetivos para a empresa que acabam por decidir fazer ações "só para não ficar sem fazer nada" ou então "só para testar pequeno, se não der certo a gente para". A questão é que em um mundo competitivo como o que vivemos, em que algoritmos de redes sociais estão em constante aprimoramento e mudanças, marketing digital precisa ter uma formatação mínima para ter resultados. Não vamos aqui discorrer sobre qual é esse formato mínimo, mas vale dizer que investimento em tempo — dos profissionais da empresa —, na contratação de um especialista ou agência de marketing, e investimento financeiro em tráfego — famosas campanhas pagas —estão na conta desse projeto mínimo necessário. Como marketing precisa ter conversão, esse é o "fiel da balança" para dizer se as ações estão ou não sendo suficientes.

Exigência por resultados em curto prazo. Do outro lado da questão estão os empresários, empreendedores e executivos que exigem resultados de marketing em curto espaço de tempo. Às vezes parece que esses profissionais entendem que "marketing digital é como uma varinha mágica, é só balançar e dizer as palavras certas que tudo acontece imediatamente", e isso está longe da verdade. Principalmente em um mercado competitivo e complexo como o que vivemos, em que existe a dependência das redes sociais e sistemas de busca/indexação de conteúdo sobre os quais estamos submetidos. Criar ações de marketing para resultado em curto espaço de tempo é mais uma questão de sorte do que de técnica. Como negócios não podem ser amparados em sorte, a sugestão é que os profissionais busquem o marketing quando ele ainda não é a sua "tábua de salvação"; quando os resultados que ele entregará possam esperar, pelo menos, um semestre. Se sua empresa precisa de resultados de marketing "para amanhã", entenda: você demorou tempo demais para começar.

Uma dica, para conhecer mais marketing digital ou as estratégias de marketing você pode fazer um curso básico. Nesse sentido, existem inúmeros cursos online ou mesmo gratuitos para compreender mais, como os cursos da RD Station, vários gratuitos, além de poder ler livros atualizados sobre o tema ou até mesmo consumir canais de YouTube e podcasts sobre o assunto. Tudo vale. Só não vale ficar sem conhecer, pelo menos, o mínimo de marketing e marketing digital.

> *Marketing sem conversão*
> *é esforço e dinheiro jogados no lixo."*

Profissionais de marketing têm compromisso com resultados?

Esse é outro drama que envolve o mundo do marketing e marketing digital. Por isso, vamos separar estruturalmente em dois pontos.

Boa parte do que se precisa saber para realizar um projeto de marketing digital que entrega bons resultados (normalmente) não se ensina na faculdade. Infelizmente, boa parte das faculdades e universidades ainda está presa em um modelo de marketing utilizado por empresas de grande porte — somente branding, *awareness* e comunicação de produto —, mas grande parte dos profissionais trabalhará em empresa de médio e pequeno porte que precisam de estratégias e ações mais voltadas para o resultado do negócio e atração de oportunidades. Se isso não é oferecido para eles na faculdade, terão que aprender depois para estarem de acordo com as exigências do mercado, pois a busca por profissionais que entendam de marketing para PMEs é constante.

Além disso, alcançar resultados efetivos de negócios em marketing não é nada simples e demanda muito esforço. Os projetos de marketing digital de conversão demandam um entendimento muito mais amplo de capacidades, possibilidades e necessidades empresariais. A orientação a resultados em ações que sejam baseadas em estratégia de médio prazo e entendam da cultura organizacional da empresa, exige debates de negócios, multidisciplinaridade dos profissionais e interação extrema entre áreas de vendas, marketing, produto e finanças, sem falar do apoio e acompanhamento da diretoria. A questão é que muitos profissionais de marketing, por não terem condições técnicas ou comportamentais de suportar essas pressões, deixaram de batalhar por um marketing mais amplo, limitando-se a ações pontuais, sem resultado expressivo, que desacreditam a capacidade de geração de negócios do marketing.

Não se pode esquecer que o marketing digital trouxe uma grande democratização para empresas de pequeno e médio porte que ficavam completamente fora do marketing offline, baseado em grandes investimentos em mídia, campanhas e profissionais caros. As ações de marketing digital entregam resultados em menor tempo, com menos esforço e menor investimento, mas como dissemos anteriormente, existe a necessidade de realizar investimentos mínimos necessários para que um resultado seja alcançado.

A questão é que pelos problemas que já descrevemos e outros que poderíamos passar um livro inteiro falando, profissionais de marketing e marketing digital se distanciaram do compromisso de entregar resultados efetivos para as empresas onde estão inseridos. Essa falta de compromisso e/ou atualização sobre técnicas de mercado, e/ou falta de ferramentas necessárias para implantação, e/ou falta de apoio da alta gestão da empresa gera uma grande desconfiança sobre os resultados que o marketing precisa entregar.

Ao relacionar um mix de dedicação de tempo para o qual profissionais envolvidos nas ações de marketing e marketing digital devem ter, destacamos alguns itens, sem claro ter a pretensão de finalizar as discussões ou apresentações de ideias sobre o tema.

Conhecimento profundo do seu cliente

Nunca foi tão necessário conhecer profundamente seu cliente. Ele pode estar inserido no meio de milhares ou milhões de outros clientes, mas quer ser entendido e tratado de forma individual, pois ele se compreende como um ser singular. As definições de classe social, idade ou região como usávamos no passado, servem muito pouco nos dias de hoje, pois de um lado precisam compreender os novos movimentos dos nossos consumidores, muitos desses, movimentos fora dos padrões estabelecidos. Do outro lado, nossos clientes devem ser compreendidos a partir das dores que sentem e desafios pelos quais passam.

Somente quando compreendemos dores e desafios pessoais e corporativos dos nossos clientes e futuros clientes conseguimos criar ações de marketing que falem fundo no coração de cada um deles, que mostrem que seus problemas podem ser resolvidos, que coloquem suas empresas na posição de solucioná-los e traga o cliente para perto, entrando na sua jornada de compra.

É nesse momento que o conceito de definição de **persona** se faz presente. Mais que definições sociais, a persona registra definições comportamentais para os clientes que a empresa quer alcançar. Investigação, conceituação e declaração de questões como principais objetivos pessoais, principais objetivos de negócios, dores do cliente, conhecimento que busca, momento para compra etc., estão entre as atenções pelas quais se passa na geração de uma persona.

Marketing de Educação e Audiência

Se estivermos falando de clientes que sentem dores e passam por desafios, que precisam ser despertos para o processo de compra, nada mais importante do que fazer marketing de educação para eles. Você pode encontrar no livro *The Ultimate Sales Machine* (*A Máquina de Vendas Definitiva*, em tradução livre), de Chet Holmes, um grande estudo e citações incríveis sobre um grande fato que desafia o marketing como o conhecemos até hoje: a extrema parte de mercados potenciais, para a qual você e sua empresa poderiam vender, não estão agora no processo de compra, na verdade nem tem em seu "radar" comprar seu produto, serviço ou solução neste momento.

A partir desse ponto, fica claro que o marketing baseado em promoções e ofertas de produtos como o conheceu até agora funciona para uma porção muito pequena de possíveis clientes. Não adianta falar de produto para quem ainda não está procurando esse produto. Mas, adianta muito falar de problemas, dores e suas possibilidades de solução para quem tem problemas e dores. Afinal, todos nós os temos. Nesse momento fica clara a necessidade de empresas e profissionais investirem tempo na realização do marketing de educação, comunicação efetiva para chamar a atenção de futuros clientes sobre seus problemas e sobre como suas vidas serão melhores quando conseguirem solucioná-los.

Um marketing em alta neste momento, que anda de mãos dadas com o marketing de educação é o **marketing de autoridade**. Se você é experiente no que faz, entregou grandes resultados ao longo da sua vida, entenda: **isso vale dinheiro!** Trabalhar sua imagem para se posicionar como especialista em seu mercado gerará um alinhamento claro com aqueles que podem ser impactados positivamente pelo seu conhecimento e pelos resultados que pode oferecer. Marketing de educação e marketing de autoridade são grandes agentes de comunicação dos valores do negócio, das suas crenças, do resultado que podem oferecer e criar movimentos de mercado a seu redor. Movimentos compostos por clientes e futuros clientes formando comunidades ávidas por conhecimento que estão cada vez mais prontas para o consumo.

Antes de falar sobre a conversão do marketing digital é importante entender que a audiência quer hoje consumir conteúdo gratuito e livre, isto é, participar de uma jornada de conhecimento anônima. Forçar a conversão em listas de contatos prematuramente pode colocar por terra as ações de marketing e isso é contraintuitivo até para os modernos profissionais de *Inbound Marketing*, técnica de marketing digital que privilegia a conversão de audiência em contatos para processo de nutrição e posterior indicação para contato de vendas. O marketing de audiência vem antes dessa conversão e em muitos casos é trabalhado de forma paralela. Portanto, se de um lado as ações somente branding e *awareness* não trarão o resultado que sua PME precisa alcançar em marketing, forçar a barra para geração de leads antes de oferecer uma boa dose educação gratuita e livre para sua audiência, pode colocar por terra a ambição de gerar leads de marketing.

Conversão necessária ao marketing

Como já mencionamos, "marketing sem conversão é esforço e dinheiro jogados no lixo", mas... o que é essa tal conversão? É a venda somente? Vamos falar um pouco mais sobre isso agora.

Em um mundo de redes sociais na internet, em um mundo no qual os clientes estão navegando em um mar de informações, tudo isso de forma quase anônima, precisa-se ter pontos claros para retirá-los dessa "nuvem" e trazê-los para algum lugar onde se tenha registro e controle das suas ações.

Se você tem um bom controle da sua audiência, quem são, onde estão, como se relacionam com sua marca, como engajam em seus conteúdos, ou seja, se sabe como fazer para chamar a sua atenção e convidá-los para uma jornada de compra, você já fez a primeira lição de casa, pois se seu público deixou de ser anônimo para compor possibilidades de negócios, você precisa ter formas de identificá-lo para colocar em uma nova fase dessa jornada de relacionamento. Melhor ainda é conseguir trazer esse público para um registro seu, em uma base de dados autorizada por eles para se relacionar com você e com a sua empresa. Retirar seu público da nuvem e trazer para uma base de relacionamento é a conversão sobre a qual falamos.

Existem neste momento diversas discussões sobre os canais possíveis de atendimento e vendas para este público já que os e-mails — sua entregabilidade e efetividade — estão em xeque. Neste ponto que surgem demandas como comunicação por WhatsApp, com regras, inclusive, cada vez mais rígidas, outros *instant messengers* de redes sociais — o conhecido Facebook Messenger ou o muito utilizado Telegram —, entre outras formas de comunicação. O importante nesse processo é entender que trabalhar na "terra alugada" das redes sociais sem ter pontos de mais controle sobre seu público traz vulnerabilidades importantes para seus processos de marketing e precisamos nos distanciar delas.

Poderíamos escrever um livro somente com todas as orientações para a adoção de um marketing digital que faça sentido para sua empresa no contexto de mundo pelo qual estamos passando, mas para sermos justos com o tema central desta obra — que não é somente marketing —, vamos entregar algumas orientações rápidas sobre o tema:

- **Números acima de (quase) tudo:** se você não gosta de matemática ou estatística, más notícias: em marketing e vendas hoje em dia, tudo são números. Nunca foi tão claro que você, profissional, não será conhecido pelo esforço que emprega, mas pelos resultados que entrega. Criar métricas e metas em marketing é fundamental para gerar uma percepção de avanço, quando os números melhoram período a período, ou para criar pontos de atenção quando os números não aumentam. Algumas orientações são importantes neste contexto:

- **Fuja das métricas de vaidade:** número de curtidas em *posts* de redes sociais e quantidade de e-mails usados em comunicação de marketing são dois exemplos. Você precisa medir engajamento em suas bases, não a quantidade deles. Comentários, compartilhamento, cliques, cadastros, conversões são exemplos de métricas muito mais acertadas para medir resultados;
- **Crie métricas que impactam o negócio:** um resultado final — vendas, por exemplo — é composto de diversos resultados anteriores. Quais são aqueles que impactam seu resultado final. Nesse ponto não existe "receita de bolo", mas uma análise que você deve fazer sobre quais as métricas que contribuem com o resultado e como medir todas elas de forma simples e objetiva.
- **Não espere para ter medições completas:** se esperar para fazer um grande painel de métricas, somente quando conseguir medir todas elas, você perderá um tempo importante. Cada métrica objetiva que puder medir será um ganho de negócio que poderá alcançar. Cada vez que tiver um novo número importante para o seu negócio, integre ao *dashboard* geral da empresa e vá ganhando controle da situação.
- **Entenda a periodicidade de cada número:** existem números que fazem sentido diariamente; existem outros que precisam de um semestre inteiro para demonstrarem um contorno da sua operação. Olhar para números é também saber compreender quando eles passam a mostrar algo a você e a compor uma quantidade de indicadores para todo dia, toda semana, todo mês, todo trimestre.
- **Crie metas ousadas, mas factíveis:** se metas fáceis não trazem resultados e muito menos desafios para você e para o seu time, metas inatingíveis só trazem frustração e desconfiança sobre as suas próprias capacidades. Criar metas somente baseadas nas necessidades da empresa ou mesmo em pressão para o time não ajuda ninguém. Metas desafiadoras e condições para batê-las é parte da construção de um time de alta performance.

- **Acompanhe você mesmo as metas:** se as metas são importantes para você, acompanhe você mesmo todas elas… simples assim.

Vendas é o melhor amigo do Marketing! #SQN

Como seria bom se as áreas de vendas e marketing vivessem em harmonia. Mas, infelizmente, são poucas as empresas nas quais esses dois importantes departamentos conseguem trabalhar em prol um do outro. O que mais identificamos no mercado são departamentos de vendas trabalhando em sistema de "força bruta", prospectando clientes na base das ligações frias ou dependendo de indicações de clientes e "parceiros" para conseguir ter uma quantidade de oportunidades importante para a sua atividade que tem grandes dificuldades em fechar negócios no volume que precisa.

Do outro lado, o marketing preocupado em promover produtos e serviços — ou mesmo realizar comunicação somente institucional da empresa sem se preocupar com geração de oportunidades de negócios para alimentar a área de vendas — é encarado por empresários e executivos somente como custo da operação.

Essa desconexão entre vendas e marketing cria um departamento de vendas sem força para enfrentar sozinho os desafios de geração de negócios da empresa e um departamento de marketing que não consegue justificar os investimentos realizados nele por não apresentar números que realmente demonstrem resultados.

A questão é que essas duas importantes áreas de uma empresa não podem mais andar sozinhas. As vendas não conseguem mais aproximar da empresa a quantidade de clientes que precisa para gerar grandes resultados e o marketing não conseguirá justificar mais investimentos se não conseguir apresentar resultados das suas atividades apresentando novas vendas. Para resolver? Envolvimento real, engajamento interno da equipe e dos líderes que estão à frente dos processos da empresa.

Percepção, entrega e valor da marca

Ao pensar nas questões expostas até aqui e sabendo que a inovação é uma questão de testes ou experimentações, vamos agora entregar uma série de ações para serem implantadas imediatamente. Não para serem perfeitas, mas para conceber uma nova caminhada para departamentos de vendas e marketing. Boa parte dessas ações serão contraintuitivas diante de tudo que sempre aprendemos sobre vendas e marketing, mas são extremamente necessárias para que os resultados de vendas e marketing na nova economia se estabeleçam nas empresas.

Esse é um primeiro conteúdo sobre o tema e poderíamos ficar conceituando infinitamente sobre tudo que foi dito aqui, mas sabemos que tudo se trata de ação, mas diretamente de quebra de compromisso com o passado e a caminhada em direção ao futuro. Portanto, essa é uma trajetória que começa aqui, todavia, que sabemos onde vai terminar, porque o compromisso é com o resultado exigido pelo cliente, não com a nossa própria vontade.

Qual é o posicionamento do seu negócio? Você gera resultados concretos e relevantes para os seus clientes ou faz um precinho camarada para fisgá-los? **Cuidado!** Já se sabe que posicionar-se perante o mercado e, principalmente perante os seus futuros clientes, é fundamental para o sucesso da sua marca. Por mais que a tentação seja grande em aceitar qualquer oferta, seja firme, tenha foco. Afinal de contas, você é um especialista na sua área, tem domínio sobre o assunto. Sabe como alcançar os melhores resultados para os seus clientes, então não seria justo, não é verdade?

E quando se trata de posicionamento, não estamos falando de criar uma marca maravilhosa, um cartão de visita bonitinho, um site bacana. É mostrar verdadeiramente qual é o objetivo do seu empreendimento. Mostrar ao mundo a que veio, afinal, qual é o seu diferencial? E caminhando de mãos dadas com o posicionamento está a geração de valor que abordamos nas páginas anteriores.

É importante complementar ainda ao dizer que geração de valor é aquilo que o seu cliente ou prospect percebe que a sua empresa, produto ou serviço tem de diferente da concorrência. É quando, por exemplo, ele entende que você tem como objetivo não apenas vender o seu produto, mas principalmente ajudá-lo a decidir de forma segura pela compra com base no máximo de informações possível. Em outras palavras, dar segurança para a sua escolha.

Já a percepção de marca engloba tudo aquilo que o consumidor experimenta ao entrar em contato com uma empresa. Ele inclui a imagem da marca no sentido literal — o design, as cores, o logo — mas vai muito além disso. Quando um consumidor faz contato com uma empresa, ele a analisa de várias maneiras. Todos os seus sentidos são utilizados para observar cores, sons, aromas, palavras. Tudo será avaliado, mesmo que inconscientemente. Por isso, a percepção de marca é construída por diversos fatores, tais como: qualidade; o preço e o custo-benefício dos produtos; oferta de produtos inovadores e/ou exclusivos; atendimento recebido; rapidez na entrega dos pedidos; forma que a empresa trata seus funcionários; responsabilidade com o meio ambiente; a maneira como a empresa faz propaganda e marketing.

Até mesmo aqueles detalhes, como a música ou o perfume usado nas lojas acabam influenciando na percepção da marca. Isso porque todos esses elementos servem para formar a memória afetiva do comprador. Portanto, a percepção é formada por toda a experiência de consumo oferecida aos clientes em toda sua jornada.

A percepção determina se os seus clientes serão fiéis e vão disseminar a marca ou não. Especialmente em tempos de internet, mundo digital e comunicações rápidas como já vimos, um erro pode ser fatal, e até mesmo um caso isolado de mau atendimento pode ser divulgado instantaneamente, manchando a reputação da empresa. Já quando o contrário acontece, o negócio tem muito a ganhar. Quando você oferece ao cliente uma boa experiência, ele passa a desejar seus produtos e a se engajar com a marca de forma espontânea e orgânica.

Como já foi dito, a percepção da marca passa por todos os tipos de contato da empresa até chegar ao público final. Por isso, não se trata de uma tarefa fácil, deve ao menos considerar a integração do marketing de experiência em suas atividades. E vale lembrar que apostar nessa nova estratégia exige um alto nível de conhecimento sobre o perfil do público e da empresa, além é claro, de oferecer uma boa experiência, de maneira que os clientes realmente se conectem com a marca.

Outro fator bem importante são os detalhes. Para isso, ofereça um ambiente agradável e vendedores bem treinados em todos os seus canais de atendimento, pois o cliente deve sentir que é valorizado e relevante para a empresa. E claro, não se esqueça de também oferecer produtos de qualidade, preços justos e atendimento excelente. Do contrário, nada do que falamos até aqui faz sentido.

"
A junção de boa comunicação, bons produtos, serviços de qualidade e bom relacionamento com o cliente, certamente fará a percepção de marca da sua empresa muito positiva."

Omnichannel como geração extra de valor para o cliente

Se no passado eram as empresas que definiam por quais canais de comunicação conversariam com seus consumidores, essa realidade mudou muito com a chegada do consumidor 4.0 ou consumidor online. Agora, quem decide o canal de comunicação pelo qual quer conversar é o cliente e não mais as organizações. Se presencial, por voz ou online, tanto pelas redes sociais como por canais privados de comunicação online, o consumidor é quem escolhe a melhor forma de falar com sua empresa e cabe a você, portanto, decidir como implantar os canais preferidos por ele.

No primeiro momento chamaram de *comunicação multicanal* o fato de empresas oferecerem para seus consumidores diversas formas de conversa, mas com a consciência de que ser somente multicanal não era suficiente para atender às novas demandas do consumidor conectado. Para tal, um novo termo foi desenvolvido: omnichannel. Mais que ser multicanal, o *omnichannel* oferece uma mesma experiência e uma jornada de relacionamento contínua para o consumidor, independentemente do canal de comunicação pelo qual ele esteja conversando com a marca. Exemplos claros de empresas nacionais mostram que um consumidor pode: entrar em um site e consumir informações; iniciar uma conversa com um atendente que soluciona as primeiras dúvidas; enviar e-mail ou link de mais informações ou até mesmo, o convite para uma experimentação presencial. Então, vai até um showroom da empresa, passa pela experiência de produto e novamente decide se compra presencialmente ou pela internet.

A questão é que muitos acham que essa possibilidade só pode ser oferecida por empresas de grande porte e isso é um grande erro. Qualquer empresa tem acesso fácil a tecnologias como sites, chats, redes sociais, e-mail, vídeos ou mesmo *bots* de atendimento construídos com tecnologias como inteligência artificial e *Machine Learning*. Destarte, não oferecer meios de comunicação *omnichannel* para seus consumidores é um atraso pelo qual sua empresa não pode passar em tempos de transformação do consumo, como estes que estamos passando.

parte 4
CULTURA DA INOVAÇÃO

8
SERÁ QUE RECONHECEMOS NOSSO MUNDO?

Morar em cidades dez vezes maiores em relação às que moramos hoje. Ter acesso a todos os serviços básicos sempre à porta de casa. Fazer exames médicos e interações com diversos agentes públicos ou ainda serviços de grandes empresas tudo acessível, a um clique. E para deixar qualquer um achando que isso é coisa de futurista, não mais andar em carros nas ruas ou estradas e sim em carros autônomos e voadores. Parece loucura?

Mas tudo isso não se trata de ficção científica ou previsões de um pesquisador sem compromisso com a realidade. Em um exemplo gritante do mundo que temos à nossa porta, uma engenheira desenvolveu um teste para diabetes tipo um — o mais severo — para seu filho a partir da doença diagnosticada nele quando tinha menos de um ano de idade. Mesmo não sendo médica, tinha acesso às mais modernas tecnologias que estão disponíveis e mediante a isso, foi capaz de desenvolver um teste que além de definir o grau da diabetes, cria uma rotina de alimentação sob medida tendo em vista um DNA específico daquele ser humano. Medicina na medida certa para cada um. Em outro exemplo deste mundo, um cientista da computação criou um teste de DNA capaz de dizer em poucas horas qual a origem da sua genealogia. Pessoas que se dizem pardas, negras ou brancas são surpreendidas ao ver que seu DNA tem na composição grande parcela e influência de europeus, índios ou povos escandinavos. Com direito a enviar sua amostra de DNA de saliva pelo correio, o resultado chega à sua casa em uma semana. Por enquanto esse serviço está disponível apenas nos Estados Unidos, mas logo o cientista garante que estará no mundo inteiro.

Agora imagine viver em um mundo em que os assistentes digitais — pequenos hardwares que teremos dentro de casa do tamanho do controle remoto que temos hoje — serão nossos maiores auxiliadores. Pelo que tudo indica, pediremos por meio deles nossa compra de mercado, de farmácia ou até pagaremos as contas. O melhor é que eles farão isso antes que o produto acabe, como o remédio de uso contínuo, por exemplo. Tudo mais fácil, prático, confiável e sem dor de cabeça. Agora... um detalhe importante: boa parte de tudo que foi citado já é realidade. Talvez uma das transformações mais radicais seja nos meios de transporte. Quantos bilhões o mundo gasta construindo estradas e ruas? Acredite são bilhões e bilhões que em pouco tempo não mais precisarão ser investidos. Veículos para transporte individual e coletivo aéreos já são realidade dentro de centros de testes e campus de empresas e universidades. Já existem os primeiros modelos em funcionamento e para sua efetiva adoção faltam apenas os detalhes que giram em torno dos veículos autônomos. Trânsito, batidas, prejuízos de tempo e dinheiro, riscos, mortes por acidentes, tudo isso não mais existirá neste novo cenário.

O mundo já mudou e a adoção de todas essas transformações é questão de tempo. Lembre-se de que até pouco tempo atrás você nem sequer tinha um celular e que para muitos "era coisa do outro mundo" comprar algo pela internet.

Não existe mudança gradual no mundo das exponencialidades, pois tudo é rápido e dominante. Novos entrantes substituem antigos como empresas, serviços e produtos de forma rápida e intensa.

Oportunidades para quem está preparado

Chega de reclamar! Chega de achar culpados! Para quem está preparado, nunca faltam oportunidades. Já mostramos neste livro que o Brasil, de modo geral, é uma imensidão de oportunidades. Temos problemas por todo lado, não podemos deixar de aproveitar essa abundância de complicações (sem ironia) e desta forma, empreender.

Empreendedores que não reclamam dos problemas e empreendem de forma impactante são os precursores deste movimento que estamos vivenciando. E as oportunidades estão atreladas à sabedoria. Em muitos momentos, entendemos sabedoria como conhecimento adquirido sobre algum tema específico, porém, será que isso realmente é sabedoria? Saber identificar bons negócios, por exemplo, encaixa-se nesta definição?

Em primeiro lugar, entende-se por sabedoria a capacidade de tomar decisão com base apenas na escolha imparcial da melhor opção, sem que os humores e sentimentos sejam determinantes no resultado. Sabedoria é a escalada exponencial de conhecimento que um ser humano atento aos aprendizados da vida acumula ao longo dela. Seria muito interessante entender sabedoria como uma graça alcançada, visto que não se pode ter a tão sonhada sabedoria sem que se tenha vivido muitas experiências, passado por poucas e boas, estudado muito, errado muito, chorado muito e compreendido que na vida temos mais sensações ruins e duras do que realmente alegrias. Este sim é um grande exercício de sabedoria. Tentar se colocar no lugar do outro e, pelo menos por um momento, imaginar como seria viver e tomar as decisões por outra pessoa. Quantas decisões mudaríamos se antes da tomada final olhássemos pelo prisma do outro?

Muitos acreditam que apenas com desenvolvimento pessoal é possível ter melhores e maiores resultados. Talvez, de fato, uma profissão seja uma das melhores formas de desenvolver a sabedoria. Um bom vendedor aprende a ouvir logo no início da sua profissão, afinal, somente ouvindo é que poderá entender o que oferecer ao seu cliente. Um excelente vendedor desenvolve a capacidade de aprender com seu cliente. Imagine que cada cliente é um universo de conhecimento, quanto poderia aprender se realmente eu estiver disposto e aberto a receber este conhecimento?

Acredite, caso esteja preparado para as oportunidades, elas aparecem e quando surgirem na sua frente, qual será sua resposta? É preciso ser sábio o suficiente para identificar em quais oportunidades você vai investir, de quais vai desistir ou até mesmo quais não merecem nem sequer sua atenção. Se atento, passará a enxergar o mundo com outros olhos e cada momento como uma oportunidade para, no mínimo, absorver algo diferente.

> *O conhecimento está a nossa volta, aproveitá-lo e transformá-lo em sabedoria será sempre uma opção nossa. Quem aprende com as experiências tem a incrível oportunidade de evoluir e inspirar."*

Mudança do modelo mental

Para quem nunca ouviu falar de modelo mental pode achar que se trata de uma espécie de telepatia ou algo assim. Mas não: trata-se de uma das formas mais utilizadas pelas pessoas para representar o mundo e interpretar os acontecimentos ao redor. Assim, o modelo mental é um mecanismo do pensamento que representa a realidade externa. E agora você vai descobrir como utilizá-lo a favor da gestão da sua empresa.

Vamos partir do princípio de que toda empresa quer ou precisa melhorar e muitas implementam diversos planos para isso acontecer. E não é segredo para ninguém que não faltam no mercado consultorias e métodos que prometem milagres para resolver qualquer tipo de problema. Mas quando se tem a oportunidade de visitar a companhia e ver de perto os processos após a adoção desses planos, é muito comum perceber que, na verdade, a evolução foi muito pequena ou quase nula. Os processos produtivos essenciais continuam os mesmos. E a organização não consegue avançar como gostaria e poderia. E a pergunta que fica é: por que isso acontece?

Muito provavelmente é porque embora adote planos aqui e ali, a empresa não muda algo essencial: o seu "modelo mental". Como o próprio nome sugere, diz respeito à maneira como as pessoas pensam dentro da organização. É o que poderíamos chamar de "mentalidade" da companhia. Como se fosse um "cérebro coletivo" que, obviamente, afeta tudo o que se produz. Note que os modelos mentais são dispositivos do pensamento por meio dos quais um ser humano tenta explicar, a si próprio e aos outros, como funciona o mundo real. E sim, claro que cada pessoa tem seu próprio modelo mental, que é resultado de todas as suas experiências, histórias de vida e situações.

Ao longo deste livro, em diferentes partes, falamos sobre modelo de negócios, mas isso é só parte da equação. O principal modelo em questão é o mental. Pois há vários estudos que comprovam que o modelo mental dos líderes pode ser responsável pelo sucesso — ou fracasso — de uma empresa.

E criar uma unidade no que diz respeito a um modelo mental corporativo, não é nada fácil. De novo, cada pessoa tem seu modelo mental, que normalmente são resultados de suas experiências e diversas histórias de vida ou profissionais. Como esses modelos mentais são personalizados, é difícil que as pessoas abram mão das suas convicções com muita facilidade. Para reforçar essa premissa, podemos usar de exemplo as práticas existentes nas empresas, quando toda vez que alguém tenta mudar algo ouve aquela frase do tipo "isso não vai dar certo" ou "nós já tentamos e não funcionou", sempre fazendo com que nos mantenhamos na rotina ou fazendo a mesma coisa por dias, meses ou até mesmo anos.

Embora seja difícil alcançar o mundo ideal, uma coisa é certa: é preciso se libertar dos modelos mentais antigos e conservadores para conseguir atingir outros patamares e alcançar resultados diferentes. Os modelos mentais são originários de três fontes: a linguagem, o sistema nervoso e a cultura. Para mudá-los é preciso, antes, entendê-los melhor:

- **A linguagem**: não imaginamos o poder que nossas palavras têm. O fato de dizer que não conseguiremos alguma coisa, ou que alguém fale que já tentou e não conseguiu, joga uma carga negativa de adrenalina que poucos conseguem imaginar.
- **Sistema nervoso**: se a linguagem é forte, por consequência, o sistema nervoso limita-se mentalmente por achar que "não" podemos fazer alguma coisa, atendendo à negação. Pronto, desiste-se do objetivo.
- **Cultura**: a cultura é um modelo mental coletivo dentro de todos os nossos grupos de convivência, que se baseiam em algo que sempre foi feito de alguma maneira, pela osmose. Ou seja, ninguém pensa, pois são condicionados a fazer daquela forma porque sempre foi feito daquele jeito. Por isso é tão importante pensar — literalmente — para se obter resultados diferentes.

Para fazer a diferença e sair da rotina, será necessário você mudar seus modelos mentais, só assim conseguirá atingir novos patamares ter sucesso em suas atividades. E nunca se esqueça de que "*não vemos as coisas como elas são. Vemos as coisas como nós somos*" (Talmude).

Adaptação dos modelos de negócios

Todas as transformações citadas neste livro foram marcadas pelo surgimento de um novo espaço conceitual decorrente da pulverização e acessibilidade à internet, resultando em significativas transformações na sociedade. E esses novos conceitos "obrigaram" ou desafiaram as empresas a repensarem sobre o que realmente seja um bom modelo de negócio, além de como atingir o novo consumidor e penetrar nos novos nichos de mercado.

O recorte que faremos aqui é para retratar que as novas exigências mostraram que qualquer negócio, antigo ou novo, precisaria ser modelado sob uma nova ótica, já que tudo se tornou mais dinâmico, volúvel, veloz e efêmero. Portanto, o momento presente não segue padrões previsíveis e não podemos buscar no passado as soluções para o futuro. Esse ambiente instável pode mudar os planos em diversos níveis, demandando adaptações rápidas e precisas, novas abordagens, formas de manter os planos funcionando, mesmo com as mudanças de cenário. Ter certezas irrevogáveis na mente só impede a percepção da nova realidade.

Nesse mundo complexo, soluções mais simples são necessárias. E um dos principais desafios é aprender a lidar com a não linearidade das situações. Muitas vezes, não há uma resposta certa para nossas questões, pois tudo é ambíguo. O que realmente importa é que a decisão tomada faça sentido para a situação e traga eficiência. Não é prudente ignorar as novas formas de ver as coisas, pois a realidade agora é mais turva, por conta da transformação intensa dos significados diante de novas circunstâncias.

Nesse contexto, a capacidade de entender o ambiente em que cada organização se encontra é imprescindível, pois isso afeta a maneira como a empresa se planeja para o futuro, toma decisões, gera os riscos, implementa mudanças e resolve problemas. Ter flexibilidade para se adaptar a esse ambiente e estar preparada para as mudanças que ele exigirá são características determinantes para manter um nível de competitividade e até de sobrevivência de mercado. A nova realidade do mercado gera pressão para que as empresas se adaptem, desenvolvam novos formatos de gestão e tenham uma cultura da adaptação que permita uma evolução constante, não importando o segmento em que opere. Essa afirmação é verdadeira para uma empresa de serviços, uma loja de varejo ou uma *softwarehouse*, por exemplo.

É importante frisar ainda que existem várias razões para que uma empresa defina operar de uma forma ou de outra, mas no mundo dos negócios, nenhuma decisão pode ser aleatória ou sem fundamento. Contudo, o modelo de gestão tem um papel especial nessa escolha, afinal, toda a estrutura interna precisa estar adaptada e funcionar com uma dinâmica incrível. Também são necessárias plataformas e recursos de tecnologia que forneçam suporte às estratégias de negócio.

Além disso, essa necessidade não está limitada ao objetivo de viabilizar a operação e o controle, mas ao de entregar uma experiência de compra e uso que atenda às novas demandas do consumidor. Na prática, isso quer dizer que para competir com empresas nascidas digitalmente, as organizações convencionais devem abraçar a "evolução perpétua". Essa prática envolve a ênfase em mudanças contínuas e no design modular de recursos, bem como das tecnologias que fornecem suporte a operação.

> "
> *A evolução perpétua obriga os líderes a adquirir uma visão abrangente sobre os recursos da empresa, inclusive as tecnologias digitais. Mais do que isso, hoje a gestão deve ser guiada pela expectativa dos clientes e a velocidade dessa entrega."*

	VELHA ECONOMIA →	NOVA ECONOMIA
ORGANIZAÇÃO	LINEAR	EXPONENCIAL
COMUNICAÇÃO	TOP OF MIND	TOP OF HEART
GESTÃO	PODER – EGO	LIDERANÇA – ESPIRITUALIDADE
APRENDIZAGEM	MÃO DE OBRA	CÉREBRO DE OBRA
COMPORTAMENTO	INDIVIDUAL	COLETIVO
ECONOMIA	POSSE	ACESSO
VALOR	COISAS	CAUSAS – EXPERIÊNCIA
TECNOLOGIA	INDÚSTRIA 3.0	INDÚSTRIA 4.0
PROCESSO	PLANEJAMENTO	EXPERIMENTAÇÃO

MODELO MENTAL VERTICAL
(TUDO MEU)

ONDE O VALOR CRIADO SEJA REVERTIDO
PARA A SOCIEDADE E AO PLANETA

Desenvolvimento de novas habilidades

As organizações valorizam pessoas que tenham competências técnicas necessárias para o cargo e que demonstrem suas habilidades ao realizarem o trabalho, afinal, esse conjunto de virtudes mostra que elas estão aptas para alcançarem os resultados esperados ou até mais.

Antes de continuarmos, é preciso voltar um passo e dizer que é bom lembrar que ninguém nasce com competências e habilidades, estas são desenvolvidas ao longo da vida. O estudo é o primeiro passo para adquirir capacidades mínimas para conviver em sociedade, tais como ler, escrever, fazer contas matemáticas básicas etc. O aprofundamento do estudo, como o cumprimento de uma graduação ou pós-graduação, é uma forma de evoluir ainda mais suas competências e ainda direcioná-las para o caminho que você deseja ser especialista. Além disso, a busca por conhecimento diária tem papel fundamental na evolução constante.

Portanto, por mais óbvio que pareça ser, as competências e habilidades não nascem de repente ou se criam como mágica, pois são resultados de muito esforço, dedicação e aprendizado contínuo ao longo da vida. É fato também que se você quiser se destacar ainda mais na sua especialidade é preciso se dedicar em níveis muito mais altos.

Por mais que grande parte das empresas ofereçam treinamentos dos mais diversos tipos, muitas vezes essas iniciativas são focadas apenas nas necessidades das empresas, além de muitas vezes não oferecerem certificados e certidões reconhecidos ou chancelados por órgãos reguladores. Mas o importante aqui é deixar claro que mesmo que a sua empresa não ofereça nenhum tipo de treinamento ou ferramenta para o seu desenvolvimento, você deve sempre buscar conhecimento que possibilite o desenvolvimento de novas habilidades e conhecimento.

Mais um alerta: mesmo que você não precise de habilidades técnicas para realizar o seu trabalho hoje, aprender e desenvolver habilidades sobre áreas novas ajudará você a se manter em contato com novo, com novas tecnologias, e isso pode ser o primeiro passo para possíveis benefícios no seu trabalho através desses conhecimentos, ou ainda, pode lhe preparar o um novo pré-requisito importante no futuro. Mas atenção, pois antes de sair por aí se inscrevendo em tudo o que é treinamento, curso e webinar, sem nenhum direcionamento, veja quais são realmente as habilidades e conhecimentos que o mercado em que você atua requer. Não caia na cilada de se inscrever em tudo o que você vê e acha que pode ser importante. Verifique a importância e a utilidade de cada tema para o seu desenvolvimento pessoal e profissional.

Adaptar-se é fundamental em qualquer situação, seja no papel de líder ou comandado. Em uma fase de mudanças, o poder de adaptabilidade faz com que você se mantenha ativo no mercado e se destaque. A transformação tecnológica, a globalização, a demografia, a incerteza política e a sustentabilidade são alguns dos fatores que estão e continuarão provocando a mudança no mercado de trabalho. Portanto, é preciso desenvolver habilidades que, mesmo que sua função específica não exista mais daqui a alguns anos, continuem sendo essenciais no mercado de trabalho no futuro. Neste sentido, a resiliência assume cada dia mais um papel fundamental na vida das pessoas que assumem o intuito de sempre continuar a aprender, a se adaptar, a começar de novo. Por mais que profissões desapareçam, novas funções surgem. Todavia, é necessário que as pessoas estejam dispostas e com vontade de aprender essa nova profissão.

CONECTANDO OS PONTOS

Independentemente do estágio ou momento em que esteja a sua vida/empresa, nunca se esqueça de que é fundamental refletir, analisar e projetar. De forma geral, quando se fala em estratégia, principalmente em relação ao desenvolvimento, grande parte das pessoas se esquece de pensar também na saída, no encerramento de ciclos que aqui vamos chamar de "conectar os pontos".

Mergulhando nas duas obras de Yuval Noah Harari, respectivamente *Sapiens* e *Homo Deus*, torna-se perceptível o fato de que como seres humanos, vencemos quase tudo que podíamos para nos tornar dominantes em relação ao nosso planeta e aos demais seres vivos que coexistem conosco.

Nesse quesito, é preciso aprofundar um pouco mais e entender o relacionamento humano e sua ligação ao meio em que vivemos, assim como tentamos fazer durante os capítulos deste livro. Esse homem que evoluiu e ficou ereto, aprendeu que sua capacidade de comunicação poderia organizar sua vida cotidiana e propiciava novas formas de viver ampliando seu relacionamento com outros grupos. Tal capacidade de comunicação evoluiu, como mostrado.

Chegou longe, transformou-se em língua, escrita e passou a ser determinante século após século para gerar e armazenar conhecimento.

Quanta evolução a capacidade de comunicação nos propiciou como espécie. Até parece que ao se analisar em primeira instância, poderia ser atribuído a ela nosso sucesso evolucionário. Mas não foi: conectar os pontos foi o ponto da virada. Quando tais grupos humanos lá nos primórdios entenderam que conectar outras pessoas de grupos diferentes era fundamental para organizar redes que coexistiriam e não mais guerreavam, nasceu o princípio da colaboração. Nossa espécie entendeu que somar não é apenas multiplicar descendentes, mas, em verdade, contar com outros da mesma espécie que tem valores e propósitos similares aos nossos.

Mesmo assim, ainda existem os mal-entendidos, a falta de articulação e diálogo em todos os sentidos e que acarretam problemas sérios e mundiais. Já foi dito que acreditamos que "apenas o empreendedorismo poderá salvar a existência do homem no mundo" e a pergunta que fica é: então por que não saímos da nossa passividade em criar negócios que apenas geram lucro e realmente passamos a "conectar os pontos" com outros que pensam como nós e desta forma, poderíamos mudar a realidade como um todo?

É evidente que boa parte dos sistemas que existem de articulação hoje no mundo pouco são capazes de gerar o que mais o mundo precisa: **soluções**. Nosso maior desafio como humanidade não será criar ou gerar soluções em si, mas desenvolver a capacidade real de conexão além de telas e a busca incessante por cifras.

Que sejam os empreendedores os precursores dessa transformação. Que a conexão entre as pessoas do bem possa prevalecer e que sejam elas a base de sustentação do novo mundo. Apenas não podemos mais esperar.

Nosso desafio? Propagar ao mundo que apenas "conectando os pontos", poderemos ter a articulação necessária para transformar tudo e todos. Precisamos relembrar que foi a capacidade de criar redes que nos trouxe como espécie até aqui. Será ela novamente que nos levará a um mundo possível para a próxima geração e início e encerramento de novos ciclos.

Coragem para avançar

Sempre será necessário ter coragem para tomar as decisões que outros não tomariam. Ter coragem vai muito além de ações, porque envolve ter consciência de onde você está e aonde pode chegar, pronto em assumir os riscos para que isso aconteça. Justamente por isso, nem todos estão dispostos a sair da "cama quentinha" e abrir mão da zona de conforto que protege e ilude.

Ao longo desta obra ficou claro que apenas através do empreendedorismo e da ação que é possível abrir mercado e transformar vidas. Mas também que desenvolver um bom produto não é garantia de sucesso entre os consumidores, mas ter um bom número de consumidores que adoram sua marca é bem interessante. Ainda assim, não existem garantias, mas desafios. Não são poucas as situações no dia a dia em que o empreendedor precisa ter coragem para continuar e para avançar então… é preciso uma dose diária.

A todo momento um líder é testado e decisões ditam o rumo do negócio — seja para o bem ou para o mal. É por isso que assusta e muitos acabam retraídos e acuados. Afinal, assumir responsabilidades pode te colocar em um papel de destaque, mas também pode representar o fim, caso não o faça com sabedoria.

Se você ou sua empresa representam uma marca, por exemplo, cujo seu principal produto é repassado por esse fornecedor e ele resolve de uma hora para outra fechar as portas ou parar de produzir, o que você faria? Se sua startup dependesse do aumento de usuários da sua plataforma, mas até o momento não tivesse recebido aporte e tivesse que desenvolver estratégias e parcerias para não deixar o negócio morrer, quais seriam?

Mais eficiente que dinheiro, é a inteligência. E se ela estiver acompanhada da coragem então não há desconhecido que assuste. **Note:** não estamos falando aqui que coragem é colocar em risco seu negócio, sua saúde ou mesmo sua vida. Prudência e bom senso são fundamentos básicos em qualquer jornada, mas o foco é mostrar que para avançar é preciso agir e não esperar que as soluções brotem do nada ou milagrosamente cheguem até você.

Em um negócio, as métricas são importantes para medir um negócio, por exemplo; mas, por favor, não se torne um refém delas. Achar que os números que você controla serão as respostas para convencer clientes ou investidores é um erro, principalmente se na verdade, você tem medo de encará-los. Ter coragem é entrar no jogo real. Ir para a rua, fazer reuniões, aprender com quem deu certo e com quem falhou, esses, na verdade, ensinam mais do que os que deram certo. Ter coragem é essencialmente empreender por propósito.

> *Ter coragem é questionar as respostas prontas ou que lhe foram dadas, mesmo que isso implique ter que estudar tudo que já fez ou rever os rumos do seu negócio."*

Existe ordem no caos

Existem algumas definições da palavra caos, vamos nos ater em duas: na mitologia — em diversas tradições mitológicas — trata-se do vazio primordial de caráter informe, ilimitado e indefinido, que precedeu e propiciou o nascimento de todos os seres e realidades do universo. E na filosofia — na tradição platônica —, trata-se do estado geral desordenado e indiferenciado de elementos que antecede a intervenção do demiurgo — o que trabalha para o público.

Muito relevante dentro deste contexto também é entender a relação de acesso e posse. O que temos presenciado nos dias de hoje é a mescla das duas definições de caos acima. É resultado que criou-se até aqui, do nascimento à desordem.

Pense em uma multidão de pessoas: cada uma representa um universo, sonhos, energias, escolhas. E todas elas, por mais diferentes que sejam, podem se conectar, interagir, trocar experiências e criar — juntos. Isso porque é importante frisar o poder do acesso que dá base, inclusive, à economia criativa e ao fenômeno do compartilhamento. Entender a relação das pessoas com o acesso facilitado a tudo traz para o centro o fato de que não "dependemos" de ninguém, mas só evoluímos com alguém. Ou seja, é preciso encontrar ordem no meio do caos.

Perceba que é a partir da criação mínima de condições que grupos se formam, pessoas se organizam em prol ou contra uma causa, modelos de negócios são criados e até mesmo conglomerados se formam. Vivemos a era do acesso, não da posse. Da troca, que mesmo que pareça desorganizada no começo, passa a reger as relações e ações.

O aparente caos deste novo movimento da humanidade até pode deixar algumas pessoas inseguras, que não conseguem ainda lidar com tanta informação e possibilidades de conexão, e afinal, é algo novo. Um exemplo, muitas das relações entre casais foram construídas dentro da lógica da posse. Imagine seus pais ou avós e lembre-se que até pouco tempo atrás, eles tinham papéis muito definidos, o homem como provedor de tudo e a mulher como dona de casa e a base da relação não era a troca, o respeito mútuo, mas a condição de pertencimento e deveres, um para com o outro.

Nos dias atuais, esse tipo de relação não tem mais espaço, assim como tentar manter sua empresa presa ao passado que limita, que se fecha para o novo e para quem está disposto a evoluir. Não existe mais a falsa segurança de clientes "eternos" ou fornecedores únicos e exclusivos. Na busca por uma relação sincera, não cabe mais o sentimento de posse, seja na vida, seja nos negócios.

O caos não está instaurando, como muitos preferem acreditar, mas apenas tem se desenhado na nossa frente uma nova ordem. A dica aqui é reaprender, permitir-se e não se fechar. Entender — ou pelo menos tentar — os novos movimentos e seus desdobramentos requer clareza e muito discernimento. Quem foi que disse que não há beleza no caos?

Humanismo e capitalismo

Calma, você não leu errado. Neste novo mundo de infinitas possibilidades, é possível atrelar humanismo ao capitalismo se avaliarmos as empresas nascidas com propósito, claro. Sabemos que o humanismo — e sem aqui entrar na origem deste que foi um dos momentos mais importantes de transformação do pensamento e responsável por colocar o homem no centro do mundo e a partir dele entender tudo que estava a sua volta — enxerga o mundo a partir do prisma da centralidade da pessoa humana, mudando assim, consideravelmente, o olhar do homem em relação ao mundo e todas as experiências que vivencia.

Em um primeiro movimento, partimos do ponto que estando o ser humano no centro, tudo tem que fazer sentido a ele. Então, como aplicar esse entendimento a uma empresa capitalista privada? Estando o ser humano no centro, quais empresas realmente fazem sentido existir no mundo? Sem propósito, criam-se negócios que apenas visam ao lucro, sendo essas empresas, em muitos casos, usurpadoras de almas dos seus colaboradores, extremamente poluentes. Não conscientes, essas empresas deixam ao longo da cadeia produtiva uma verdadeira trilha de morte. Você conhece alguma empresa que parece se empenhar em destruir o meio ambiente, comunidades, rios e mares? Infelizmente, com certeza, a lista é grande e não faltariam nomes para exemplificar o que acabou de ser dito.

Sendo então o propósito essencial para que o humanismo esteja relacionado ao capitalismo, não é difícil concluir que apenas a criação de empresas que tenham a essência dos seus fundadores e o propósito claro de existência fará sentido no mundo em que estamos construindo. Apenas o lucro sem objetivo claro de entrega de valor não atende a necessidade do mundo tendo como cenário a escassez de recursos naturais e o ser humano que busca sentido no consumo dos produtos e serviços que ele utiliza no seu dia a dia.

Ser essencial e estar no dia a dia dos consumidores são uma espécie de mantra. Ter soluções que escalam sem precisar gerar uma enormidade de passivos sejam eles trabalhistas; ambientais; entre outros, está no DNA destas companhias. Escalabilidade é também um dos motores desses negócios que já têm em sua origem o design para que isso seja possível. Vamos aqui quebrar outro paradigma de que apenas empresas que desenvolvem produtos ou serviços puramente baseados em sistemas de computação têm em seu escopo a capacidade de preencher os requisitos que descrevi acima. A grande verdade é que não se trata de apenas utilizar tecnologia, mas ter a tecnologia a serviço de soluções viáveis e de acordo com as novas diretrizes comportamentais.

Mais uma vez, não será a tecnologia que estará no centro do mundo, mas o ser humano dotado da consciência que é seu lugar estar no centro utilizando da melhor forma a tecnologia para construir negócios e soluções que melhorem a vida no planeta. Sendo assim, humanismo e capitalismo estarão sempre alinhados de forma benéfica para todos.

> "*Estando o ser humano no centro, quais empresas realmente fazem sentido existir no mundo?*"

Adeus à normalidade!

O mundo VUCA — Volátil, Imprevisível, Complexo e Ambíguo — entrou em erupção, já prevíamos isso, mas poucos se preparam ou se deram conta do que isso significa. O mundo já estava dando sinais sobre esse tsunami que mudaria os negócios; a economia; o trabalho; os hábitos; o consumo e quando isso acontece, mudam-se os nossos valores e os valores que são comuns a sociedade.

Já estávamos presenciando, com medo e receio, a morte do mundo que aprendemos e vivemos durante anos; aquele modelo industrial de um pensamento linear, dos "egos", sistemas — que são burocráticos, hierárquicos e pouco flexíveis — que tinham como foco a velha economia pautada na posse e o objetivo de desenvolver e vender substantivo — a casa e o carro, por exemplo —, e com isso entramos em um novo mundo que surge do modelo digital que tem um pensamento exponencial, e surgem as novas economias — compartilhada, associativa, criativa, multimoedas e circular — pautadas no acesso e reputação, envolvem de fato o que é ecossistema — entende o valor da cadeia inteira, com velocidade, menos burocracia e hierarquia — no qual a meta e o objetivo é estabelecido por valores e crenças, deixamos de desenvolver e vender o substantivo e passamos a vender o verbo (atividades e experiências que acontecem na casa, mobilidade etc.). Saímos de um mundo em que só os tangíveis tinham valor e entramos no mundo dos valores intangíveis. Hoje valorizamos e queremos as experiências do que as coisas proporcionam.

Será que conseguimos identificar esses novos valores? Ou ainda buscamos por tendências, discursos e promessas empacotadas?

Viver a coexistência desses dois mundos por si só já era razão para ter medo e correr para se adaptar aos novos desafios. Agora imagine tudo isso com a crise estabelecida pela Covid-19, uma crise que junto com a mudança de Era, causa uma grande ruptura na maneira e forma em que vivemos, ela causa um desequilíbrio profundo nas pessoas. Imagine: ela tira você de uma situação segura e conhecida para um contexto desconhecido, volátil, incerto e ambíguo.

Esse é o momento de tomar decisões rápidas, vencer os desafios e entender os novos problemas. Por isso, entre em contato com seus clientes e entenda quais são essas dores. Nomeie os principais medos e tome uma ação para dissipá-los.

Nosso objetivo é focar o que realmente importa e parar de desperdiçar energia com o que é supérfluo. Se interesse pelo problema do seu cliente que ele, com certeza, vai se interessar pela sua empresa.

Com essa situação de não poder ir para fora, estaremos mais focados para dentro de nós mesmos e de detalhes nunca percebidos a nossa volta. Esse momento que estamos vivendo será de grande valia para:

Nosso **crescimento**: sabe aquela força e saberes que ficavam escondidos enquanto você estava na zona de conforto? — Serão revelados, seremos obrigados a potencializar nossos saberes e aprender novas habilidades, que não aprenderíamos em outras situações.

Nosso **autoconhecimento**: vamos nos reconectar com nossa verdadeira essência, prestar mais atenção nas nossas fraquezas e forças, ter uma reflexão que nos forçará a experimentar novos conceitos que permitirão ampliar nosso conhecimento. Com isso, teremos um controle maior sobre nós mesmos e com a certeza de que vai melhorar nossa tomada de decisão.

Nossa **ajuda e colaboração** para com o mundo e as pessoas são os efeitos da crise que nos tornam mais frágeis, que nos fazem entender que precisamos mais uns dos outros. Sem a crise, nossas diferenças são mais exaltadas; e com a crise, nossa humanidade nos une.

A crise instalada desmascara a nossa vulnerabilidade e deixa descobertas as falsas e supérfluas seguranças com as quais construímos os nossos projetos, hábitos e prioridades. Mostra-nos como deixamos adormecido e abandonado aquilo que nos nutre — nossa essência —, sustenta e dá força à nossa vida e organização. A crise coloca em xeque todos os falsos propósitos que empacotamos e anestesiamos com hábitos aparentemente "salvadores", uma receita instantânea de cura e mudança, privando-nos assim da imunidade necessária para enfrentar as adversidades dessa crise.

A reclamação sobre os fatos gerados pela crise não muda o que aconteceu, e ela engana, ou seja, faz acreditar que o defende.

Fique atento a você e evolua, **reavalie** suas crenças e valores, **renuncie** o que não interessa, **escolha** quem e o que fica e quando tudo passar, não continue: **reinicie**. Aproveite esse tempo de prova como um momento de decisão. É tempo de decidir o que conta e o que passa, de separar o que é necessário daquilo que não é. É tempo de reajustar a rota da sua empresa, dos seus projetos e da sua vida.

REAVALIAR	ESCOLHER	RENUNCIAR	REINICIAR
suas crenças e valores	quem e o que fica	o que não interessa	como vamos caminhar daqui para a frente

Valorize a parada e desacelere um pouco: momento de autoanálise.

Dê nome ao MEDO: concentre-se para dissipar esse medo. Separe o que é real da ilusão.

Olhe para a sua carteira de clientes, entre em contato e descubra os novos problemas.

Planeje e experimente suas ideias para o futuro, quais são os valores que você vai levar depois que isso passar.

Reavalie seus pensamentos e atitudes, ou resolvemos o que tem para resolver agora ou nunca mais.

Fique atento a você, evolua. É momento de crescer.

Será que finalmente entenderemos o significado de propósito e essência?

Afinal, até pouco tempo atrás, tudo era diferente, presenciamos vários exemplos que servem para mostrar que esse momento único e disruptivo marca as ações de como aprenderemos, absorveremos e nos adaptaremos. Entender que a regra do jogo muda a forma com que fazemos as coisas, nossos hábitos e valores. Faz com que haja uma desestabilização entre os mercados e trabalho, obriga as empresas a se adaptarem e, mais do que isso, mostra como será a realidade daqui para a frente.

Ao olhar para essa evolução, os valores mais relevantes estão nos intangíveis e são pautados em tudo aquilo que nossos olhos não veem, mas podemos sentir. Imagine pessoas, organizações e lugares que possuem beleza, contudo, não são visíveis a nós, motivo pelo qual não têm significado ou amor e, assim, não percebemos e sentimos porque existem falhas na conexão emocional do meio que você criou com as pessoas. Dessa forma, imagine que seu negócio ou projeto proporcione a experiência de sentir e somente após, conceber seus pensamentos racionais, oferecendo a oportunidade para que a consciência delas tenham condições de ajudá-las de maneira conveniente na tomada de qualquer decisão ou ação.

Valores percebidos e relevantes dessa nova Era ao lado da vontade de aprender todos os dias, além de seu interesse pelo problema do cliente como propósito, serão a chave para o sucesso. Tocar as pessoas e transformar realidades a partir do seu projeto só será possível quando você for capaz de entender que uma vida que vale a pena é onde os intangíveis têm mais lugar do que os bens que ocupam espaço. Tudo que ocupa espaço em sua vida pode estar justamente no lugar do que faz mais sentido a você.

Pare de acumular coisas e comece a acumular experiências. Tenha mais histórias para contar do que coisas para mostrar. Seja mais lembrado pelas marcas de amor que viveu do que as de dor que deixou.

Consegue agora mesmo colocar em uma folha os elementos de valor que você entrega — valor funcional, emocional e até mesmo de impacto social. Estão alinhados com os valores comuns ao nosso novo momento? Quanto mais elementos de valor você entregar, com autenticidade e percebidos pelas pessoas, maior será a lealdade do seu cliente com sua marca.

Vamos falar dos valores relacionados a esse momento e comuns às pessoas e não do ego: propósito, gratidão, amor ao próximo, liderança cidadã, higiene digital, empatia, confiança, altruísmo e empatia.

- **Valores funcionais:** economia de tempo reduz risco, evita incômodos, reduz custos, informa, tem apelo sensorial etc.
- **Valores emocionais:** redução de ansiedade, valor terapêutico, bem-estar, design e estética etc.
- **Valores de mudança de vida:** pertencimento, esperança, autorrealização.

Será que consigo tangibilizar esses valores no meu projeto? Ou ainda: será que minha comunicação leva esses valores para as pessoas? Ou minha comunicação é normal? Momento de mudarmos a lógica dominante de fazer as coisas certas para fazer coisas melhores.

Passamos todo nosso tempo rodeados por coisas, lugares e publicidades e somos influenciados de maneira que, às vezes, nem percebemos. Então, dê mais significado, mostre as belezas que estão ocultas e caso queira realizar um projeto que promova valores e experiências: **toque a alma!**

Recuperar as esperanças e acumular dívidas de gratidão que as pessoas têm por você, no mínimo, é porque as tocou com seu amor, gerou impacto, fez a diferença. Por esse motivo, em muitos casos, você será lembrado eternamente.

Consegue dizer em quantos projetos você ou sua empresa tocaram alguém dessa forma no último ano, mês ou semana?

10
O BANQUETE DE PLATÃO

Remonta a centenas de anos atrás o incrível diálogo em que Platão, em um verdadeiro banquete, conversava com Sócrates, Filemon e outros grandes filósofos que abordavam as questões existenciais. Nesse inusitado encontro, tais mentes incríveis debatiam algumas das verdades mais significativas da nossa existência.

O Simpósio, como também ficou conhecido, foi escrito por volta de 380 a.C. e constitui-se basicamente de uma série de discursos sobre a natureza e as qualidades do amor. Depois de tantas exposições a respeito de Eros no Banquete, começando por Fedro, depois Pausânias, Erixímaco, Aristófanes e Agatão, Sócrates bem o caracteriza, como compêndio da aspiração humana ao bem. A amizade, ou amor, representados pelo deus Eros não é o próprio belo e o próprio bem. Eros surge de duas oposições, a riqueza e a beleza, estando numa situação intermediária sem estar em qualquer oposto e extremo. A posição intermediária de Eros atribui-lhe movimento, sendo o mesmo movimento do homem em busca do bem supremo.

Desse encontro, faremos dois recortes que nos chama atenção. Primeiro, por mais sábio que você seja e/ou confiante em suas escolhas e caminhos, não existe nada mais poderoso do que o conhecimento aplicado, ou seja, a evolução e aprendizado só se concretizam mediante trocas. Não existe verdade absoluta ou universal. Segundo, essa troca tem vários nomes, atualmente podemos chamá-la de *networking* e já sabemos que ela é capaz de encurtar distâncias, abrir portas e, em muitos casos, literalmente transformar momentos em oportunidades incríveis. Naquela época ou nessa, existem vários pontos em comum e talvez o principal seja que o homem continue buscando respostas e contornando significados.

Ao olhar ao redor, em um banquete, pode-se absorver mais do que a comida em questão. Networking não pode ser resumido a técnicas, mas a um estado de presença e percepção das oportunidades sem nunca julgar ou se afastar. Esqueça seus preconceitos e aceite estar presente diante de todos que cruzarem sua vida. O banquete de Platão pode estar ocorrendo agora na sua frente e você pode estar conectado a tudo, menos no que está diante dos seus olhos, mas não é captado por sua alma.

As oportunidades estão disponíveis para todos e não é preciso sair de onde você está na busca incoerente por novas experiências ou possibilidades. Viver o que lhe é apresentado já é um excelente começo. Quantas vezes você recuou com medo do novo ou em relação a algo que não dominava completamente?

Esteja atento aos sinais de transformação. Mas jamais se esqueça, as transformações começam sempre em nós. Não espere a mudança dos outros, mude você primeiro e a partir dos desdobramentos das suas ações, o novo ganhará forma e força. Saboreie o banquete quando tiver oportunidade: nem sempre a fartura estará disponível ou tampouco você será convidado a sentar-se.

Reflexões sobre inovação

Recentemente, desenvolvemos dentro do *Palestras & Conteúdo* um grande trabalho de inovação dentro de um tradicional grupo de ensino. Esse grupo, apenas do Brasil, tem mais de cem anos. Com muitas escolas espalhadas pelo nosso território e muita tradição religiosa envolvida, fomos contratados por eles para ajudá-los a refletir sobre o posicionamento atual desta instituição em relação ao seu segmento. Em um primeiro momento, mergulhamos para entender como foi a jornada nessas décadas de ensino. Incrível se mostrou a história e as milhares de vidas transformadas pela instituição. Nesse momento, apesar de continuar crescendo, abateu-se sobre eles um temor sobre a perenidade dos negócios para as próximas décadas.

Após nossa imersão, veio à tona para todos quantas oportunidades tínhamos para realmente levar valor a eles. Não tivemos dúvidas e logo convidamos três startups, que a partir da solução de problemas reais no universo da educação, criaram modelos de ensino e negócios, com base na disrupção. O próximo passo, então, foi promover o alinhamento desse grupo com as startups selecionadas em uma dinâmica que rendeu um encontro com os diretores dessa instituição.

De propósito não apresentamos no começo os empreendedores envolvidos como tal, partimos de uma provocação inicial que logo revelou as dores daquela empresa reveladas pela alta gestão. Dividimos então os presentes em pequenos grupos, o desafio era buscar soluções para cada problema apontado ali.

Depois de um trabalho intenso de imersão e muita reflexão, algumas ideias práticas começaram a surgir através de ferramentas ágeis idealizadas pelos convidados mediados por nós. Todas as conclusões e propostas foram apresentadas pelos grupos em formato de Pitch Deck, que é uma apresentação muito utilizada pelos empreendedores e que mostra um panorama do negócio para investidores e fundos de investimento. Normalmente são slides simples e muito sintéticos, mas objetivos.

As apresentações geraram uma série de debates e ali já era perceptível o começo de uma mudança de mentalidade dos gestores que se mostravam verdadeiramente receptivos e abertos. É incrível ter a chance de presenciar o início de uma transformação. É claro que não se transforma uma instituição centenária com um workshop de algumas horas. Porém, os pontos para uma reflexão profunda sobre o modelo até então vigente e as novas formas de solucionar esses problemas significam muito, representam a consciência perante um mundo em mudança e a vontade genuína de continuar fazendo parte dele.

O valor de ações como essa vai muito além do que os resultados tangíveis. Instigar no outro a percepção da necessidade em mudar, além de apresentar o despertar de uma nova era é a melhor forma de conduzir qualquer pessoa/empresa pelos estreitos caminhos da transformação digital.

O desafio pela frente é imenso, afinal, são milhares de empresas mundo afora e de todos os segmentos que estão neste exato momento se perguntando como continuarão relevantes e vivas no novo mercado. Neste cenário, o trabalho de quem já entendeu o que precisa ser feito — o que tentamos colocar neste livro — está só começando.

> *Não se trata de reescrever missão e valores de uma empresa, mas de conseguir entender qual o seu propósito de continuar existindo dentro deste novo contexto de mundo.*

Conhece-te a ti mesmo

Quantas vezes você se deparou com a estranheza de estar com você mesmo? Em quantos momentos você olha no espelho e se pergunta quem é este/esta aí? Entender quem você é torna-se primordial para compreender o que se pode, de fato, fazer. Quando você passa a dominar seus ímpetos e conhece seus pontos fracos e fortes, fica relativamente mais fácil saber o que fazer e quando utilizar suas cartas na manga.

A falta de domínio próprio ou o desconhecimento de suas potencialidades e fragilidades, coloca-o na posição de expectador, ora mergulhado no passado e nas histórias que já viveu ou gostaria de ter vivido, ora no futuro, na adivinhação e nas projeções sem nenhum ou pouco respaldo. Já parou para pensar que se o presente é a única certeza que temos, por que tanto medo de vivê-lo?

Lembre-se de que você é o único responsável pelo que faz com sua vida. Não busque culpados ou justificativas para tentar mascarar seus medos ou apatia. Não é sorte dos outros e azar seu, ninguém chega ao topo por acaso e muito menos permanece por lá sem que haja muita dedicação, entrega, coragem e renúncias.

Quantos amigos que você conheceu ao longo da vida e eram melhores em tudo que você e que hoje estão em situação muito complicada na vida? Veja, quando elencamos como e quem eram os piores alunos da sala, por exemplo, relativizamos qualidades que fazem a diferença em boa parte das oportunidades que criamos ao longo da vida. Perceba, não se trata de dizer que desrespeitar leis ou ser um transgressor é a razão do sucesso. Mas... se você deseja ser alguém diferente e se destacar no mundo, não conseguirá seguindo as regras que regem a massa. Grandes feitos e obras são realizados quando idealizados "fora da caixa".

E para alcançar este feito, o autoconhecimento é o único caminho. É encarar a face que sempre tentou esconder. Muita gente muda o que tem de melhor por não enxergar assim, ou escuta o que os outros dizem a seu respeito e tomam aquilo como verdade absoluta para si mesmos. Ressignificar a própria existência requer humildade e muita coragem. Preparado para conhecer sua melhor versão?

> *Para viver uma vida intensa e real é preciso antes de tudo ser honesto consigo mesmo. Como você deseja mudar o mundo se não tem coragem de mudar a si mesmo primeiro?"*

Cenários e tendências

Como foi dito em diferentes capítulos deste livro, a adoção das novas tecnologias digitais por parte das empresas só faz sentido se estiver ancorada no propósito das companhias — e se o ser humano estiver no centro desse processo. Ou seja: a transformação digital deve atender às necessidades dos consumidores e clientes.

Embora a tecnologia seja a alavanca fundamental da transformação digital, é inegável que as pessoas são as que a fazem acontecer, afinal, é com elas e por elas. As pessoas são os protagonistas principais, seja na criação, na sinalização da necessidade ou no uso das tecnologias e dos processos facilitados por sua existência. Por essa razão, a transformação digital é, antes de tudo, um fenômeno humano, permeada por uma mudança cultural e comportamental das pessoas.

Grande parte dessas demandas acontece porque as organizações acreditam que a tecnologia está transformando os mercados. Fato. Mas, na verdade, não se pode esquecer jamais que são as pessoas os verdadeiros agentes de transformação. Relacionamento, conexão e compartilhamento são as bases da nova sociedade e a tecnologia é um facilitador deste processo. E como um meio, não como um fim em si mesma, lembra?

É evidente que o uso da tecnologia favorece o protagonismo, a experiência do usuário, a agilidade dos processos e procedimentos, aumentando a eficiência e a produtividade das empresas. Como consequência, a Era digital gera uma necessidade e exigência constantes de evolução nos modelos de gestão, produtos e posicionamento das empresas, sobretudo com base na mobilidade e na maneira geral de se pensar o negócio.

A Deloitte publicou um estudo denominado *2020 Global Marketing Trends* sobre as principais tendências que devem afetar o mercado no próximo ano, ressaltando a importância das pessoas, clientes e colaboradores em um cenário de grandes transformações tecnológicas. E o resultado aponta para o que enfatizamos nesta obra desde as primeiras linhas: o fato de que posicionar o ser humano como foco deve ajudar as marcas a estabelecerem seu caminho em causar o impacto que importa para as pessoas.

Segundo o estudo, existem sete tendências que precisam ser consideradas para as empresas em médio prazo continuarem evoluindo socialmente e com consciência humana. Nesse contexto, ao partir do propósito da marca como ponto central, em segundo, vem a valorização do humano e da empatia que deve trazer uma melhor experiência aos clientes, uma vez que todos entendem suas dores. A terceira tendência prega a integração interna e externa às organizações como filosofia, sustentadas pela utilização do marketing, da inovação aberta e do trabalho em *squads*. A quarta traz os aspectos éticos do negócio e da necessidade de segurança dos dados dos clientes, livres das ameaças de hackers. Já a quinta convoca a participação e busca o forte engajamento dos consumidores, que se tornam defensores das marcas. Como sexta tendência, há a diversidade e a valorização dos talentos que nutrem um ambiente exponencial e o pensamento criativo. E como último ponto, deve-se gerar cultura da agilidade, embasada em processos e gestão ágeis.

É possível perceber que algumas empresas brasileiras já se encaixam como precursoras dessas tendências. E que grande parte das demais está no caminho de se reencontrarem no mercado que atuam. É certo que os últimos anos deixam alguns desafios diante do cenário econômico do Brasil e que os próximos exigirão criatividade e inovação para obter resultados mais positivos. O ideal para os empreendedores é que fiquem sempre atentos ao cenário econômico para saber como investir assertivamente nas tendências de mercado. Acompanhar a evolução do mercado e buscar atender cada vez melhor e de uma forma mais próxima o cliente final é a principal tendência.

Abrir espaço para o novo pode ser o segundo passo: mudar significa abrir espaço e aceitar a mudança. Ela não ocorre apenas nos processos, mas profundamente na mentalidade da organização. Abertura para essa mudança de mentalidade pode envolver transformar produtos, posicionamento, modelos de negócio ou de operação, nichos de atuação. E esse é um caminho sem volta, pois ficar parado no mesmo lugar é o equivalente a cometer um suicídio empresarial. É necessário estar aberto e desapegado do que antes chamávamos de tradicional, pois novas ideias, processos, produtos, projetos e parcerias são o que movem o mundo. Não seria exagero afirmar que a mudança é a nova zona de conforto em tempos de transformação digital.

Embora sejam muitas as variáveis envolvidas em todo esse processo, a certeza que está na mesa é de que é um processo sem volta e tudo o que não for revisto pode significar o fim, de negócios e de carreiras. Estar alerta a isso e buscar o seu modo de ser protagonista nesta mudança ou minimamente acompanhar esta realidade não é uma decisão, apenas uma atitude. "Se" deixou de ser a pergunta, pois, "quando" é a pergunta mais relevante agora.

> *Enxergue muito além do que seus olhos são capazes. Veja com o coração e acredite com a alma."*

Lideranças pós-crise

Recentemente, o mundo viveu — e ainda vive — os reflexos e as consequências da descoberta e propagação de um vírus que mudou, do dia para a noite, a nossa forma de trabalhar, de nos comunicar, relacionar ou consumir. Não vamos aqui nos ater a apresentar números em relação a população infectada pelo coronavírus ou como a pandemia impactou os negócios mundo afora, até porque, nos últimos meses, estivemos todos — sem exceção — completamente conectados a essas informações. O nosso objetivo aqui é outro.

Para começar, já vamos logo dizendo que é complicado demais escrever algo que faça qualquer tipo de referência a um momento pós-coronavírus. Isso porque o que mais nos tomou nestes últimos meses foram os sentimentos de medo e de incerteza. Sem contar que a grande parte da população ainda está "perdida", afinal temos uma única certeza: nossos líderes desconhecem o caminho que devemos percorrer.

Durante todo este processo que experimentamos pela primeira vez na história, sabemos também que não existem vencedores ou que romantizar este vírus no sentido de que proporcionou um suposto encontro com nossa humanidade perdida parece algo ridículo diante do cenário de morte e vigília contra um inimigo invisível. Sim, delegar para os líderes a responsabilidade de obter respostas para algo inédito como o que vivemos significa apenas se ausentar do protagonismo e das próprias responsabilidades.

Uma nova liderança nasce da compreensão do feminino

O feminino precisa estar no centro, mas vale a pena entendermos historicamente por que perdemos a relevância dele. Boa parte das crises recai sobre o que muitos chamam de "Sagrado Feminino". Sim, são elas — as mulheres — que entendem a docilidade do amor em sua natureza mais bela. Vivem, na verdade, muitas vezes sem entender a profundidade da doação que alcança os extremos. São elas que não precisam ser iniciadas na experiência do amar. Afinal, têm potência de gerar o amor, posto que apenas elas são capazes — caso queiram — de gerar a vida.

Ao longo dos séculos, nossas sociedades tiveram medo da força e sabedoria do feminino. Mesmo nós homens, olhamos nosso lado feminino com desconfiança. Temos anseio de acreditar que podemos ser dóceis, amorosos e sensitivos sem que isso afete nosso masculino. Dessa forma, escondemos a docilidade que podíamos ter, externando apenas a fragilidade da agressividade. É bem complexo para nós homens, mas natural para elas. Ouvir seus sentimentos, sentir antes de condenar, ouvir mais do que falar, aceitar muitas vezes por amor ou mesmo por que elas desenvolveram uma sensibilidade que as permite apenas esperar. Quem já não ouviu da sua mãe aquela frase "eu bem que te avisei". O que seria mesmo das nossas sociedades sem elas? Bem, tenho certeza de que não restaria muita coisa, isso seria, com certeza, terra arrasada.

Com medo dessa sabedoria que afinal é natural delas, nós homens aprisionamos o feminino. Descartamos a opinião delas por séculos. Denunciamos como apóstatas, prostitutas ou ainda bruxas em referência às mulheres que faziam o mal e não ao movimento de sabedoria das bruxas, que por sinal, é um grupo que pode ter sido um dos mais perseguidos pelos homens. Talvez, ser mulher na história da humanidade apenas teve seu reconhecimento verdadeiro quando ainda éramos nômades. Elas, nestes grupos, sempre tiveram poder determinante. Criavam os filhos, cozinhavam, eram responsáveis pela liderança do grupo, poder atribuído às mais maduras e ainda detinham o conhecimento medicinal. Nosso processo de sedentarização, algo que ocorreu na última era glacial nos tirou da África e nos levou para a região da antiga mesopotâmia — hoje atual Iraque. Nesse processo, priorizamos a força do masculino como mais importante do que a sabedoria e a sensibilidade femininas.

Foram séculos de evolução da sociedade em que muitos movimentos matriarcais foram aniquilados pelo poder patriarcal. Entenda, não precisamos mais forjar o aço com a força do martelo, mas ouvir o outro sem julgar com a sensibilidade do amor de quem não precisa dos olhos para ver. Essa é a sabedoria do feminino. Esta liderança que vivencia o feminino podemos chamá-la de liderança ressignificada.

Essa, sem dúvida, é uma das poucas certezas que temos pós-coronavírus. Precisamos das mulheres mais do que nunca e precisamos urgentemente ouvir nosso feminino para que assim possamos renascer enquanto espécie. Se é a vida que queremos colocar no centro, precisamos compreender que ela, "vida", precisa de muito cuidado, carinho e amor, não mais agressividade, arrogância ou intolerância. Reações estúpidas geram consequências catastróficas, todos sabem disso.

Em novembro de 2017, na abertura da Web Summit em Portugal, a palestra inicial foi ministrada por Stephen Hawking. Em março do ano seguinte ele não mais estaria entre nós. Em sua palestra, ele falava do medo que deveríamos ter do avanço da tecnologia desde que essa fosse utilizada para o mal. Ele lembrou que a inteligência artificial, aprendizado das máquinas e tantas outras inovações poderiam representar para a humanidade nossa face mais bela ou nossa face do mal. Segundo sua visão, Hawking discursava dizendo que apenas uma mudança em nossa evolução poderia atenuar essa trajetória negativa. Deveríamos, para isso, desenvolver nosso feminino evoluindo da agressividade para a compaixão. Nascendo assim, em nós, em nossas mentes e almas, o que chamamos aqui de **liderança ressignificada.**

Agora, temos diante de nós uma grata oportunidade de ressignificar nossas lideranças. Podemos, sem preconceitos, unir-nos mais e inspirar mais homens e mulheres a mergulhar no feminino compreendendo a linguagem do amor que respeita a Gaia — nossa Terra. Apenas reconhecendo e sentindo que a verdadeira espiritualidade nasce quando reconhecemos nossa humanidade. Não é possível reconhecer nossa essência sem olharmos com clareza para o que somos. Quando olhamos para o que somos, apenas enxergamos o que a morte não leva quando não respiramos mais, o amor. Liderança feminina é compreender a exponencialidade do sentir, a coragem de gritar e a sensibilidade de enxergar pelo coração e não mais pelos olhos. Essa é a essência da liderança ressignificada.

O mundo, mais do que nunca, grita por uma nova liderança. Essa liderança não mais será uma demonstração de arrogância, ódio ou agressividade. Pode parecer utópico, mas ou compreendemos o feminino do humano ou será tarde para tentar livrar o humano da destruição que ele próprio criou. Liderança feminina é colocar a vida no centro, pois apenas compreendendo a vida respeitamos nosso maior bem, quem somos, ressignificando assim, a liderança em si.

Desenvolvimento de lideranças: uma demanda contínua

Vivemos uma crise imensa de liderança. Se por um lado liderar pelo exemplo deveria ser o norte confiável para os líderes, como é possível se eu mesmo estou perdido? Quantas pessoas você conhece que literalmente não sabem para onde ir? Mais ainda, quantos amigos você tem que abandonaram carreiras, casamentos, relações ou cursos por simplesmente não se encontrarem mais onde estão ou por se sentirem completamente indiferentes à realidade na qual estão vivendo?

Já há algum tempo, adotamos a prática de desenvolver e estimular lideranças através da leitura e estudo de livros em grupo nas empresas que atuamos. A ideia foi introduzir o hábito da leitura, ao mesmo tempo em que trabalhávamos o desenvolvimento pessoal de cada um indo muito além dos treinamentos. Em alguns estudos, tínhamos uma verdadeira sessão de terapia em grupo, em outros casos, um livro mais árduo colocava à prova a capacidade da turma de continuar firme até o final da obra. Já se foram mais de dez obras neste formato, sendo que na média, cada uma leva quatro meses com encontros mensais de duas a três horas de duração. Em uma das experiências, estudamos o livro *O Monge e o Executivo*, que sempre será uma leitura recorrente para poder trazer novas inspirações que literalmente alimentam nossa capacidade de pensar. Recentemente, em um dos grupos, surgiu a ideia de estudarmos um livro sobre liderança e a questão que veio à tona foi por que estudar liderança novamente? E a resposta não podia deixar de ser melhor, liderança, por exemplo, deve ser uma constante, porém para isso, precisamos recuperar o que é liderar.

Sem mais questionamentos, iniciamos assim mais uma jornada de volta ao mosteiro. As ordens beneditinas nasceram do Santo chamado São Bento e tem como base o mosteiro representado no livro *O Monge e o Executivo*. Ele, por si só, já é um livro envolvente e profundo, mas o que sempre chama a atenção são as lições básicas ensinadas pelo Monge. Tendemos, de forma natural, a complicar quase tudo, pelo simples fato de acharmos que fica mais atraente ou interessante. Quando fazemos isso, afastamos quase todos do que poderia ser o melhor entendimento do assunto.

Na obra, o Monge recupera a simplicidade dos relacionamentos mostrando que para ser líder, primeiro e essencialmente, é necessário gostar de relacionar-se. A questão é que quando lideramos, devemos estar mais atentos ao que o outro quer do que ao que nós queremos. Esse ponto bate de frente com nossa ânsia em ser o centro. Cutuca o ego e eleva a insatisfação com a liderança, por exemplo. Outro ponto simples, porém, de profundidade tamanha, é a questão do silêncio. Como é difícil prestar atenção no outro se sempre queremos toda a atenção para nós. Em um típico exemplo da demonstração de liderança, apenas compreendendo bem o que o outro está dizendo é que posso ajudá-lo e desenvolvê-lo. A ânsia em falar quase sempre responde tudo antes mesmo de escutar o que está sendo perguntado.

Perceba que mal comentamos aqui sobre os personagens que compõem o enredo do livro e que já dariam ótimas reflexões sobre liderança. A questão central do livro está dentro da narrativa de um dos personagens muito bem-sucedido na vida empresarial que perdido na vida pessoal busca nos ensinamentos do mosteiro respostas a todas as suas dores, culpas e desencantos. O interessante da busca é que ele a faz, no tempo dele e na velocidade que está acostumado. Não percebe que para poder entender o que está acontecendo, primeiro precisa parar, ouvir, sentir e iniciar a mudança.

É interessante esse movimento necessário para qualquer mudança. Com certeza, não precisamos estar em um mosteiro para que seja possível ajustarmos o rumo das nossas vidas ou refletirmos sobre o que andamos fazendo com ela. Porém, é necessário proporcionar momentos de encontro conosco que acabam sendo fundamentais para tais movimentos de mudança. A resposta do porquê disso também é simples. Primeiro: não paramos quase nunca para perceber o que estamos sentindo. Segundo: criar momentos de verdadeira conexão conosco é tão raro que acabam tendo locais especiais como o cenário do livro. Quem dera privilegiarmos o encontro com nosso eu interior em detrimento dos *posts* no mundo digital.

Falar em liderança, por exemplo, deixa evidente que primeiro temos que liderar a nós mesmos. Esse é um exercício bem mais complexo do que se pode imaginar. Porém, o constante esforço em busca do autoconhecimento, assim como o personagem faz ao ir ao mosteiro buscar esse encontro, proporciona boas possibilidades de verdadeiramente sermos capazes de nos conhecermos melhor, e ajudar os outros a se conhecerem. Esse é outro bom exemplo de liderança.

Comece a olhar para dentro da sua empresa ou ainda para os grupos que se relaciona. Faça você mesmo as analogias ou comparações necessárias para reflexão. Inovar é compreender o que é diferente como oportunidade de agregar conhecimento. Estamos vivendo um momento de profundas transformações nos relacionamentos. Mas note que essa troca proporcionada por este momento em que tantos diferentes estão juntos tem elevado a capacidade de colaboração e difundido entre os "sobreviventes" o sentimento de pertencimento. Este é um legado enorme.

Quando sentimos que somos parte de algo muito maior do que nós mesmos, transformamos a realidade onde estamos inseridos. Desenvolvemos o sentimento de cuidar para que não haja degradação e ainda em uma instância maior, esse sentimento de pertencimento instiga as pessoas a quererem mudanças positivas. Empreender é sinal de mudança e inovação, assim como de pertencimento.

Vivemos, sem dúvida, um novo momento — único e incomparável da história da humanidade. Que a colaboração e a inovação possam não apenas ficar evidenciadas nos momentos de crise, mas adentrar as organizações, levando o frescor e inquietação da sobrevivência para as ações, ideias e relações. Quando pensar novamente no coronavírus, ou qualquer outra crise, pense em como você pode aproveitar melhor toda a "teia" de conexões e inovações promovidas por elas e em como se tornar um líder ainda mais forte e respeitado.

Para refletir:

Para empreender nessa nova era, devemos entender os critérios da vida entre o **espiritual** e o **material**, separar o que é real da ilusão e se apoiar naquilo que nos eterniza, a nossa essência humana. Nosso corpo não pode ser um robô biológico, ficar prisioneiro de um mundo como seres mecanizados. Utilizar o mundo sem entendê-lo é não conduzir esse veículo (corpo) que nos foi emprestado, distrair-se para não ver a verdade e esquecer-se da nossa causa em vida. Só o amor, a vontade, inteligência e nossa inquietude ajudarão a nos libertar e renascer, ser o arquiteto de si mesmo, conduzir o meio para compreender os sinais que a vida nos proporciona. Por isso, escute aquela voz que vem de dentro, aquela que nos faz refletir sobre o sentido de empreender na vida. Mais do que conhecer o caminho, é percorrer esse caminho, honrar com a verdade na prática.

> *Quer saber realmente como uma pessoa é? Olhe para como ela se movimenta no mundo e não apenas como ela teoriza."*

Não podemos sair desse mundo sem deixar marcas de amor, somar, crescer e fazer a diferença. Devemos lutar contra os falsos propósitos que fazem acordos em prol da mediocridade.

Renascer e escutar a voz do silêncio para entender o que a vida quer nos dizer.

AGRADECIMENTOS

Este livro que você tem em mãos é a maior prova de que ninguém constrói nada representativo sozinho. É fruto de muito trabalho, dedicação e aprendizado. Mas é também resultado de uma confiança enorme, respeito e admiração dos três autores, que antes de tudo, são amigos, que se carregam no peito. Assim como no mundo dos negócios e como você, querido leitor, pode comprovar nas páginas anteriores, na vida também é preciso buscar o equilíbrio constante, o aperfeiçoamento, o crescimento e a flexibilidade. Tudo isso só é possível quando se tem as pessoas certas ao lado.

Aproveitamos este espaço para agradecer nossas famílias que sempre nos apoiaram e entenderam a importância do trabalho que estamos desenvolvendo. Não estaríamos aqui sem a base que é vocês.

E em especial, agradecemos a você que chegou aqui. Realmente esperamos ter contribuído de alguma forma para que você e/ou seu negócio possam avançar. Não existe nada mais impactante do que o poder do conhecimento compartilhado, da inspiração, da vontade de mudar uma realidade.

A todos que acreditaram antes, que acreditam agora e que se permitiram vivenciar essa experiência, o nosso muito obrigado. Certamente nos encontraremos outras vezes em diferentes fases das nossas jornadas.

BENÍCIO FILHO, HUGO SANTOS E MARCOS BATISTA.

Projetos corporativos e edições personalizadas
dentro da sua estratégia de negócio. Já pensou nisso?

Coordenação de Eventos
Viviane Paiva
viviane@altabooks.com.br

Assistente Comercial
Fillipe Amorim
vendas.corporativas@altabooks.com.br

A Alta Books tem criado experiências incríveis no meio corporativo. Com a crescente implementação da educação corporativa nas empresas, o livro entra como uma importante fonte de conhecimento. Com atendimento personalizado, conseguimos identificar as principais necessidades, e criar uma seleção de livros que podem ser utilizados de diversas maneiras, como por exemplo, para fortalecer relacionamento com suas equipes/ seus clientes. Você já utilizou o livro para alguma ação estratégica na sua empresa?

Entre em contato com nosso time para entender melhor as possibilidades de personalização e incentivo ao desenvolvimento pessoal e profissional.

PUBLIQUE SEU LIVRO

Publique seu livro com a Alta Books.
Para mais informações envie um e-mail para: autoria@altabooks.com.br

/altabooks   /alta-books   /altabooks   /altabooks

CONHEÇA OUTROS LIVROS DA ALTA BOOKS

Todas as imagens são meramente ilustrativas.

ALTA LIFE   ALTA CULT   ALTA BOOKS   alta club

Este livro foi impresso nas oficinas gráficas da Editora Vozes Ltda.,
Rua Frei Luís, 100 – Petrópolis, RJ.